Primera edición noviembre 2025.
Copyright. Del texto Eduardo Montagut, 2025
© De esta edición Editorial Deméter, 2025
Todos los derechos reservados.

Bosques, jardines y sociedades secretas ©
Publicado por Editorial Deméter
C/Melendro, 5 oficina B. Edificio Ponce de León
Valladolid 47014.
Corrección: María Rodríguez Coco
Ilustración cubierta: Usuario DMzlC
https://commons.wikimedia.org/wiki/File:Laberinto_PaqueAventura_Tentegorra_
en_Cartagena.jpg#filelinks
Maquetación: Lápiz y Ratón Estudio
Impreso en Safekat (Madrid)

DELE: VA-528-2025
ISBN: 978-84-125494-9-2

9 788412 549492

Bosques, jardines y sociedades secretas
Entre símbolos, fraternidad y conspiración

EDUARDO MONTAGUT

Deméter

◆ Índice ◆

Justificación
◆

En cierta medida, este ensayo nace por tres motivos. En primer lugar, la Editorial Deméter fue muy receptiva sobre la posibilidad de publicar un libro sobre masonería, sociedades secretas y los símbolos asociados a la naturaleza. También es cierto que la propuesta del tema surgió de mi interés por los jardines masónicos sobre los que en ese momento impartía una clase en el Máster de Jardines Históricos de la Universidad Politécnica de Madrid, en colaboración con el Real Jardín Botánico y Patrimonio Nacional, comprobando lo poco que sabía de esta materia, que es apasionante y tan sugestiva. Y, finalmente, de mi relación con la masonería y mis investigaciones sobre las sociedades secretas.

Así pues, este breve ensayo trata de bosques y de jardines, de la simbología de unos y otros, de lo que esconden o muestran. Los iniciados leen en ellos como en un libro, descifran los códigos de las esculturas, de los tipos de árboles, de la disposición de un camino..., mientras que los profanos pasean sin saber que detrás de la belleza, sea natural o fruto de la labor humana en un templo, una ruina, una estatua o una columna, se pueden encontrar significados no aparentes pero reales, porque lo misterioso, siempre, a nuestro entender, es muy real.

Pero esta obra no solo trata de naturaleza salvaje y civilizada y de su simbología, sino, sobre todo, de esos iniciados e iniciadas que se organizaron en sociedades masónicas o paramasónicas[1], entrando en ellas con fines fraternos, pero también conspirativos y políticos, tomando muchas de estas últimas como inspiración las organizaciones de compañerazgo, muy propias en la Europa occidental desde la Baja Edad Media en el ámbito gremial.

Comenzaremos con una breve introducción de la masonería para, después, centrarnos en un período de la historia que creemos fundamental, entre la época ilustrada y el tiempo de las revoluciones liberales.

Esperamos que usted, amable y paciente lector, disfrute con lo que aquí se apunta o, más bien, se sugiere. Deseamos que cuando pasee solo o acompañado por un bosque o en un determinado jardín pueda ver más allá de lo que los sentidos y la apariencia le muestran y, además de solazarse con lo bello, pueda convertirse en leñador o leñadora, miembro de la francarbonería o, si es más animoso, ingrese en la carbonería luchando por la libertad en la Italia del Romanticismo. Pero, a lo mejor, usted es más pacífico y prefiera la masonería y sus jardines simbólicos o compartir azadones y regaderas como un francjardinero en lugar de los compases y escuadras de los masones.

Eduardo Montagut
Septiembre 2025

---

[1] Por sociedades paramasónicas podemos entender las organizaciones que tienen aspectos masónicos, secretos o discretas y que han podido tener algún tipo de relación con masones, siendo, en muchos casos, estos sus creadores. En este mismo libro, en la parte de las organizaciones vinculadas a los árboles, todas son, realmente, paramasónicas. Vemos rituales, ceremonias, signos y términos masónicos o que nos recuerdan a los que se emplean en la orden.

Introducción

◆

Si nos vamos a adentrar en un libro en el que trataremos de masonería y de sociedades secretas paramasónicas, parece necesario que ofrezcamos algunas pinceladas sobre ellas, en especial sobre la masonería, porque es la que sirve de modelo para las otras. Esta sociedad sigue siendo una gran desconocida para la mayoría y no solo por su condición de secreta, en su origen, y discreta, en la actualidad. Son muchos los mitos que ha generado a lo largo de los siglos en quienes no la han estudiado, y mucho menos entendido, o no la ha querido comprender, convirtiéndola en una especie de organización peligrosa, subversiva y antirreligiosa.

La masonería es una compañera de la Ilustración, con cuyos pilares coincidiría en gran medida porque, en primer lugar, la razón debe regir a la orden y a sus miembros, tanto dentro de la institución como fuera, en la vida profana. Además, se fundamenta sobre el principio del perfeccionamiento personal de sus integrantes, así como en el progreso del resto de la sociedad. Esta labor se lograría a través del esfuerzo individual y colectivo. En consecuencia, los masones se rigen por una acusada defensa del trabajo sin aspirar al descanso, una idea que podría parecer enraizada en el calvinismo, pero que, en realidad, se aleja de esta corriente religiosa para entroncar más con los principios de los ilustrados.

Esta sociedad secreta vendría a ser una escuela de moral, pues siempre ha defendido que existen principios éticos que deben cultivarse en favor de la civilización. La orden debería contribuir a establecer claramente la diferencia entre el bien y el mal y fijar el concepto de justicia. Fomenta el estudio y la enseñanza, pero también la beneficencia.

Definir qué es la masonería no es nada fácil si no queremos caer en los clichés tradicionales sobre ella, muchos de ellos impregnados con un marcado cariz negativo fruto de una larga historia de prejuicios, desconocimientos nada inocentes y repeticiones de tópicos. Una acepción neutral aparece en el *Diccionario de la Real Academia de la Lengua Española*, que la define como una «asociación universalmente extendida, originariamente secreta, cuyos miembros forman una hermandad iniciática y jerarquizada, organizada en logias, de ideología racionalista y carácter filantrópico». Así parece que la masonería está extendida por todo o por casi todo el mundo; en su origen fue secreta, aunque hoy prefiere definirse como discreta; es, ciertamente, una hermandad porque sus miembros se consideran hermanos entre sí y se llega a ella a través de un proceso de iniciación y un rito de paso para aceptar a quien hasta ese momento es un profano para la sociedad masónica. Y, por fin, se basa, como hemos comentado, en la razón y es marcadamente filantrópica porque buscaría el bien de toda la sociedad de manera desinteresada.

En conclusión, la masonería tiene tres principios básicos: libertad, igualdad y fraternidad. Por lo tanto, sus misiones u objetivos son la consecución del bien general, la búsqueda de la verdad, el estudio de la conducta del ser humano y el trabajo interior de cada uno de sus miembros con el fin de mejorar como personas y de perfeccionar la sociedad, aunque sea en el ámbito más cercano, familiar y/o profesional.

Estos objetivos se conseguirían mediante el trabajo a través de símbolos, especialmente del ámbito arquitectónico y constructivo, ya que el masón es un obrero, un albañil con mandil y guantes, y trabaja en una logia, donde se establecen oficios y funciones. Precisamente, este libro habla de estos símbolos y de cómo la masonería y otras sociedades secretas los consideran, aunque su interpretación siempre tiene un toque personal, nada dogmático, como no podría ser de otra manera entre masones.

Las sociedades iniciáticas en relación con los bosques
◆

Entre Francia e Italia encontramos desde la Baja Edad Media una serie de sociedades de compañerazgo vinculadas a los bosques, en especial de leñadores y carboneros. Este tipo de comunidades era algo compartido con otros oficios: carpinteros[2], canteros, etc. Pero no cabe duda de que el bosque dotó a estas organizaciones de compañeros de un halo mistérico que, a nuestros ojos, las hace aún más fascinantes.

Como ya hemos señalado, fue en el siglo XVIII cuando todas estas sociedades se desarrollaron gracias a una explosión de sociabilidad que fue paradigmática en este periodo. Tanto leñadores como carboneros experimentaron una transformación en cierto modo dispar. Mientras los primeros derivaron en Francia hacia una organización paramasónica de carácter fraternal, incluso lúdico, los segundos se transformaron en una sociedad conspirativa muy activa en las primeras décadas del siglo XIX en la Italia de los inicios del Risorgimento[3], comenzando en Nápoles, pero luego extendiéndose también al norte de la península itálica y a otros países del ámbito mediterráneo, incluida España. En todo caso, también se habla de una francarbonería que situamos en Francia

---

[2]Hubo gremios y corporaciones de carpinteros por toda Europa que atribuían a Salomón la creación de su oficio, y por eso muchos carpinteros se consideraban «hijos de Salomón». Entre ellos destacarían los Carpinteros del Deber de Libertad, también conocidos como gavots porque permanecían mucho tiempo en las orillas de los ríos, es decir, las gaves. En los días festivos llevaban en el ojal un ramo con dos espigas de oro unidas con una cinta azul.

[3]Recordemos que por Risorgimento se entiende el largo y complejo proceso de unificación italiana entre 1815 y 1870. Significa «renacimiento» y obedece a un conjunto de factores políticos, ideológicos, sociológicos e incluso económicos.

como una deriva especulativa del sistema de compañerazgo anterior, aunque esto es una hipótesis nuestra.

Encontraremos entre estas organizaciones, es decir, entre leñadores y carboneros y carbonarios[4], tanto al principio como en su evolución posterior, muchas similitudes, como el hecho de que sus miembros serían, en ambos casos, primos o buenos primos frente a los hermanos, denominación propia de la masonería, pero también por contar con simbología, toques, palabras y signos vinculados al bosque muy semejantes o análogos. También algunas de las joyas o adornos muestran semejanzas. Al parecer, todas estas organizaciones exhibían el hacha de oro, suspendida de una roseta de color de hoja muerta con trencilla verde, junto con un pequeño silbato, pendiente de uno de los ojales de la blusa o camisa.

Por otra parte, entre Canadá y los Estados Unidos, a finales de la década de los años treinta del siglo XIX, aparecieron los cazadores (de los que hablaremos más adelante con detenimiento) que se vincularían a los problemas entre los canadienses francófonos y los ingleses. Esta sociedad secreta, también en el ámbito del bosque, tuvo un marcadísimo carácter insurreccional, pero duró muy poco porque fue desmantelada por parte de las autoridades.

LA ORDEN DE LOS LEÑADORES Y LEÑADORAS

Si existió un oficio vinculado al bosque desde la Antigüedad, es el de los leñadores. Cuando decidieron conformar una sociedad secreta, lo hicieron con representación tanto masculina como femenina. Es, por tanto, una de las sociedades denominadas andróginas, propias del siglo XVIII, y que hoy denominaríamos mixta. Fue creada en una taberna parisina en agosto de 1747 bajo la denominación de Taller o Cantera del Globo y de la Gloria por el caballero Beauchaine, un personaje que, por lo que sabemos, podemos calificar de extravagante. Fue miembro de la Gran Logia de Francia y, según los autores del *Diccionario enciclopédico de la masonería* (1883), presidía su logia en dicha cantina de París, donde dormía y otorgaba todos los grados de la francmasonería[5] por seis francos.

---

[4] No es fácil estudiar estas sociedades secretas iniciáticas debido a la falta de fuentes escritas directas. Debemos fijarnos en las bibliográficas, que, aunque son de calidad, no tienen las ventajas que ofrecen los documentos porque los recursos indirectos no dejan de ser interpretaciones.

Al parecer, el caballero de Beauchaine se inspiró en las leyendas y ceremonias de las confraternidades del compañerazgo o *compagnonnage* propias del mundo gremial francés, denominadas Orden del Deber de la Vuelta (*Tour*) de Francia. El compañerazgo era una organización por la que sus miembros debían adquirir y transmitir el saber y el conocimiento de su oficio viajando por Francia y otros lugares de Europa. En algunos sentidos, tenía algún tipo de semejanza con la masonería por contar también con los tres grados —aprendiz, compañero y maestro—, además de que para ingresar había que seguir un rito de iniciación, mientras que para subir de grado también había que realizar ceremonias específicas. La Vuelta, o *Tour*, permitía aprender y desarrollar el propio oficio y fortalecer los lazos de fraternidad entre los artesanos. Era relativamente frecuente en Europa.

Pues bien, los leñadores de la Baja Edad Media del Borbonesado (centro de Francia, al norte del Macizo Central) estaban asociados según este sistema de compañerazgo. En los tiempos inestables de los reinados de Carlos VI y Carlos VII en la transición entre los siglos XIV y XV, muchos nobles perseguidos encontraron en esos bosques el apoyo de las comunidades de leñadores y decidieron entrar en dicha confraternidad, que se basaba en tres principios semejantes: la hospitalidad, la asistencia y el socorro entre sus miembros.

La orden fundada muy posteriormente en París tuvo mucha aceptación, algo propio del siglo XVIII francés porque, como ya hemos comentado, fue un momento de gran apogeo de sociedades y organizaciones y de pleno desarrollo de la masonería. Pero la leñería de Beauchine tuvo un acusado sentido festivo, y sus miembros se identificaban como primos leñadores para diferenciarse de los masones.

Si entramos en la simbología de esta sociedad, en el *Diccionario enciclopédico de la masonería* (La Habana, 1883) de Abrines y Arús se nos habla

---

[5] Se habla de masonería operativa en relación con los gremios medievales que hacían, por ejemplo, las catedrales, y de ahí saldría la masonería como la conocemos hoy, que sería especulativa. En el caso del compañerazgo, hablamos de un sistema de aprendizaje y de viajes de los agremiados en Francia, sobre todo, pero también en otras partes de Europa. Es el caso de carboneros y de la francarbonería. Los primeros estarían en ese sistema, digamos, operativo o manual y la francarbonería sería el salto a lo especulativo. Esta es la hipótesis que desarrollamos en este ensayo. En apoyo de nuestra teoría está la afirmación consultada en la fuente que manejamos y donde se nos dice que la francarbonería se vincula a los misterios de los Compañeros del Deber, es decir, al compañerazgo.

de la existencia de un diploma expedido a un leñador en el año 1781 que contiene unos elementos harto significativos de la vinculación de esta orden con el bosque y con la naturaleza en general. La orla estaría formada por dos árboles entrelazados por su copa y un terreno en cuyo centro aparecería un estanque alimentado por un manantial que saldría de una roca. Alrededor de los árboles se grabaron distintas herramientas: hachas, martillos, cuñas y todo tipo de instrumentos del trabajo de los leñadores y carpinteros. De uno de ellos pendía un fusil y un morral de caza y, a los pies, un perro. Sobre la tierra había cuatro cubos, cuatro tazas, cuatro pipas, una sierra y un caballete de serrar.

El diploma también contenía un texto:

«Desde la gran cantera general que tiene su asiento y su asamblea en el centro de los bosques del rey, bajo los auspicios de la naturaleza: buena vida y salud a todos los padres, maestros, oficiales, buenos primos y buenos compañeros leñadores. Nosotros los padres, maestros y oficiales, de las canteras de Francia que abajo suscribimos, certificamos y damos fe: que habiendo sido favorable la ventaja a N... ha sido recibido en calidad de buen primo y buen compañero leñador de la Cantera del Globo y de la Gloria con todas las formalidades que necesariamente se requieren; por lo cual rogamos a todos los buenos primos empleados en los talleres que lo reconozcan, admitan y traten como a tal, prestándole todo favor y ayuda, proporcionándole trabajo, hospitalidad y buen trato, después que se haya dado a conocer por los principales signos y misterios de nuestra ilustre orden, de la misma manera que lo hacemos y ejercitamos nosotros con todos los buenos primos y buenos compañeros leñadores que vienen a visitarnos de bosques y canteras lejanas. En fe de lo cual, damos y expedimos el presente certificado, al mencionado primo N..., que va firmado por nos, y revisado por nuestro guarda-venta general, y sellado con el gran martillo general de los bosques reales, en cera encarnada, para los fines que le convengan.

14

Abajo siguen las firmas siguientes: Douves, Darmaucourt, Cambon, Naudin, José de Saint Kuilien, Paulmier, Desclezeaux, etc.».

Según el ritual de esta orden, la máxima autoridad era el padre maestro y los miembros, como estamos viendo, eran los primos y primas. Los recipiendarios o candidatos para iniciarse en esta sociedad eran conocidos como ladrillos, aunque, al parecer, esta denominación era común a toda la francmasonería de los bosques. También se los llamaba eslabones[6].

Las reuniones se celebraban en un jardín de la Nueva Francia, una denominación que hemos encontrado y que nos llama la atención, porque se suele referir, históricamente, a parte de la actual Canadá, pero dudamos que la orden cruzara el océano Atlántico, así que es de suponer que ese lugar de reunión fuera llamado de esta manera por otros motivos.

Parece ser que la leñería se extendió fuera de París, especialmente por el Artois, existiendo hasta la época de la Restauración, es decir, durante un período de tiempo largo y convulso, a partir de la derrota definitiva de Napoleón en 1815 y el último año de los levantamientos del ciclo revolucionario liberal, en 1848.

Es lógico imaginar que el éxito de esta orden se debió a su carácter lúdico y mixto. A las reuniones acudían muchos hombres y mujeres cogidos del brazo, vestidos con blusas y sayas largas, zuecos y chanclos, entregándose a la fiesta y a la confraternización.

En todas las sociedades iniciáticas existen toques (tocar al otro de una manera determinada), palabras y signos de reconocimiento entre sus miembros. Así ocurrió también en la Orden de los Leñadores. Cuando un primo quería reconocer a otros de la leñería le hacía el «árbol cruzado». El interpelado debía entonces ponerse derecho con los brazos rectos y pegados al cuerpo y cruzaba las piernas de tal forma que los pies quedasen invertidos y algo separados entre sí. Este era el primer signo de reconocimiento entre ellos, pero existían otros, como el del «árbol cubierto», que consistía en levantar la mano y señalar con el dedo índice la cabeza que estaría cubierta con un sombrero.

---

[6]No deja de ser curiosa esta denominación porque en la masonería existe la denominada cadena de unión, formada por los masones que asisten a una tenida, que son, lógicamente, sus eslabones.

A la pregunta «¿Conocéis el árbol más frondoso?», el primo leñador debía llevarse la mano a la cabeza e introducir en el pelo los dedos separados en forma de horquilla.

A la pregunta sobre cuál era el árbol más alto había que contestar elevando las manos por encima de la cabeza.

También había una serie de preguntas sobre las ramas del árbol y para responder había que abrir las manos con los diez dedos separados.

Otras preguntas que servían para identificar a los miembros de la orden eran las siguientes:

- ¿Las ramas del árbol? Mirarse los brazos.
- ¿Las raíces? Mirarse los pies.
- ¿El tronco? Mirarse el cuerpo.
- ¿Las hojas? Mirarse los vestidos.

Parece, pues, que todo indica que la Orden de la Leñería era ajena a la política y así quiso demostrarlo M. Hermilly, un personaje que perteneció tanto a esta como a la carbonería, que, a diferencia de los leñadores, sí tuvo siempre un marcado carácter político y conspirativo. Hermilly, que había sido admitido, precisamente, en el Artois, relató cómo eran las reuniones. La recepción anual se realizaba al aire libre en medio de los bosques; todos vestían blusas y llevaban las insignias de leñador. Sus únicas ocupaciones eran cantar, reír, comer y beber en unos banquetes que, al parecer, no eran muy suntuosos pero sí sustanciosos, pues se servía sopa de coles y olla de tocino.

También se decía que, como leñadores y leñadoras, se dedicaban a cortar haces de leña, pero todo con el siempre aludido sentido lúdico hasta en el empleo de las armas que disparaban en exclusiva para hacer fuego.

Como ya hemos señalado anteriormente, al no disponer de demasiada documentación al respecto, debemos fiarnos de los testimonios indirectos.

Pero en el ambiente convulso de la época romántica, con la lucha de los carbonarios y su represión, los leñadores, por mucho que defendieran su carácter recreativo, fueron considerados sospechosos. Toda organización, sociedad o corporación que no creaba y/o controlaba el poder era vista como una potencial enemiga. Además, los leñadores y los carbonarios compartían orígenes (el bosque), ceremoniales y simbología. Ciertamente, no se debió perseguir a los primeros, pero este ambiente no fue favorable y los leñadores dejaron de reunirse, considerando que en la década de los años cuarenta del siglo XIX la orden estaría extinguida.

LOS CARBONEROS

De los bosques y en los bosques vivían otros oficios. Hasta no hace mucho, era posible encontrar a personas que fabricaban carbón vegetal en nuestros espacios naturales[7]. De esta tarea surgió otra orden, la de los carboneros, que, como los leñadores, eran miembros también del sistema de compañerazgo que hemos explicado en el capítulo anterior. Igual que ellos, se reunían en los bosques y sus miembros eran también conocidos por primos o buenos primos. Por otro lado, a diferencia de los leñadores, eran menos joviales y no parece que hubiera mujeres.

Al igual que toda sociedad iniciática, el candidato o *guepier* debía pasar por una ceremonia para ingresar que comenzaba con un mantel blanco extendido sobre la tierra. Encima de este se depositaba un recipiente lleno de sal, un vaso lleno de agua, un cirio encendido y una cruz. A continuación, entraba el aspirante, que debía arrodillarse con los brazos abiertos hacia el salero y el vaso y juraba guardar el secreto de la sociedad. También se lo sometía a distintas pruebas, enseñándole las palabras y signos secretos que le permitían identificarse en todos los bosques como un buen primo carbonero.

La ceremonia proseguía con un marcado carácter instructivo, ya que el presidente explicaba al iniciado el sentido simbólico de los objetos presentes. Aunque la mayoría eran comunes también en la masonería, tenían significados vinculados con la muerte. Así, el mantel era la mortaja con la que uno sería enterrado, mientras que la sal era el símbolo de las tres virtudes teologales. El cirio, por su parte, representa los que se encenderían en nuestro funeral y el vaso se identifica con el agua bendita que rociaría nuestro cuerpo. Al neófito le comunicaban, además, que la cruz era de madera de acebo e iría delante del féretro. Le informaban también de que san Teobaldo era el patrón de los carboneros.

En el *Diccionario enciclopédico de la masonería* de Lorenzo Frau Abrines y Rossend Arús se dice que existió una francarbonería en las zonas boscosas de Francia, hablando de una organización que se parece un poco a la que veremos en el capítulo siguiente, a través de un sistema de ventas. Aclara,

---

[7]Se nos viene a la memoria la película Tasio, de 1984 y dirigida por Montxo Armendáriz, donde las carboneras en el bosque son fundamentales. Al parecer, la película se basaría en la vida de Anastasio Ochoa Ruiz (Tasio), un carbonero libre, además de cazador furtivo.

además, lo que ya hemos comentado: que sus miembros se identificaban entre sí con el apodo de buenos primos. Pero tenemos que ser muy cautos porque la misma fuente en otra entrada nos habla de que los lugares de reunión de la francarbonería eran llamados canteras[8] y no ventas.

También se señala en este *Diccionario enciclopédico* que esta sociedad de los carboneros era muy antigua y anterior a la de los leñadores, e incluso habría autores que las confundían entre sí. Quizás se separaron cuando algunos buenos primos llegaron al grado de leñador, que era el tercero de la francarbonería, y decidieron crear una nueva sociedad. Tal vez de ahí surge esta confusión de nomenclatura y cronología, aunque la leñería del siglo XVIII, como hemos visto, tuvo un origen bastante bien documentado.

Una vez más, reiteramos que nos movemos en un terreno complicado en relación con estas organizaciones como si, precisamente, estuviéramos en un bosque lleno de misterios que aún no se han desvelado, y que parece harto difícil que se descubra documentación nueva por lo que decíamos de la falta de fuentes escritas directas.

En dicha fuente (1883) se comenta también que esta francarbonería buscaba un objetivo parecido al de la masonería, es decir, «el perfeccionamiento del hombre y su bienestar», y debía estar formada por «hombres honrados y de buenas costumbres». Habría tres grados: aprendiz, maestro y leñador[9]. En cada venta, como en una logia, habría oficios, como un orador, un secretario y otros oficiales, con el padre maestro al frente. Cuando un carbonero se presentaba en la venta, el padre maestro explicaría lo siguiente:

> «Acuérdate que entre los carboneros las riquezas y el orgullo no son más que vanas quimeras. Hijos de un mismo Dios, todos los hombres son hermanos. El vicio es bajo; la virtud eleva. El hombre más justo es, por tanto, él más grande».

---

[8]Estas se decoraban como si fueran una campiña. Al oriente se situaría un trono elevado sobre siete gradas debajo de un dosel, bajo el cual se colocaría un triángulo de oro con tres diamantes, cada uno en los tres vértices. Delante del venerable maestro se ponían tres bujías en forma de triángulo, dos pistolines y una corona de laurel. El local debería iluminarse con doce arañas de cristal de siete brazos cada una.

[9]Se llamaba así el grado, aunque fuera dentro de la orden de los carboneros.

Esto nos da idea de cuál era el carácter de esta orden.

Dentro de este complejo mundo de la francarbonería de los bosques habría una rama propia, llamada de leñadores silvanos, donde, al parecer, no había juramentos y sí unas relaciones internas muy discretas y modestas, preocupados por la caridad y la hospitalidad, por lo que parece que lo principal que se buscaba era fomentar la fraternidad. Su nombre derivaría de los dioses campestres y de los bosques de la Antigüedad clásica. Recordemos que Silvano era una deidad adorada en el Lacio, cuyo culto procedía de los pelasgos y tirrenos que le consagraron, precisamente, un bosque, celebrando una fiesta anual en su honor. Era hijo de un pastor y de una cabra, aunque otros piensan que era hijo de Fauno, con el que se lo suele identificar. Para este ensayo en concreto, Silvano tendría mucha importancia porque fue un dios que cuidaba de los árboles, además de la agricultura y el ganado. Le gustaba la música y el baile y de noche se ocultaba en el bosque. Lejos de esta apariencia bondadosa, en la antigua Roma, las mujeres embarazadas y los niños temían al dios.

Los leñadores silvanos contaban con siete bienaventuranzas que funcionaban como normas de conducta:

«1.ª: Estaba desnudo, y vos me vestisteis.

2.ª: Tuve sed, y me disteis de beber.

3.ª: Tuve hambre, y me disteis de comer.

4.ª: Estuve preso, y me visitasteis.

5.ª: Estuve enfermo, y me asististeis.

6.ª: Tuve frío, y me procurasteis calor.

7.ª: Sentí aflicción, y me consolasteis».

Se reunían, como los anteriores, en canteras, aunque también se podrían denominar tiendas. La reunión exigía un mínimo de nueve participantes, compañeros leñadores silvanos todos, lógicamente.

Los leñadores, carboneros, cazadores, leñadores silvanos… pueden ser considerados ramas de un mismo árbol que, con diferencias y matices, compartían oficios relacionados con el bosque y símbolos y ceremonias similares. Algunos eran más festivos, otros más comprometidos con valores morales, todos organizados en sociedades secretas.

LA CARBONERÍA Y LOS CARBONEROS

Algunas de estas sociedades secretas fueron derivando, como veremos en el caso de los carbonarios (*carbonari*, en italiano), hacia postulados políticos más comprometidos y activos.

La carbonería se fundó en Nápoles a principios del siglo XIX, en los tiempos de la ocupación napoleónica. Se piensa que se creó en 1807 por M. Briot, consejero de Estado en Nápoles, sobre las bases del compañerazgo de los carboneros, aunque también se habla de las conexiones con los carboneros y leñadores franceses, pero, como ya hemos señalado, todo son conjeturas.

En principio, la carbonería italiana sería una sociedad iniciática filantrópica, pero la reina María Carolina de Austria, tan dada a la masonería, influyó para que los carbonarios adoptasen un compromiso político para el restablecimiento de los Borbones en Nápoles, residiendo ella en Sicilia bajo la protección británica. A cambio prometió un gobierno basado en la libertad. Estos primeros carbonarios fueron conocidos como unionistas. Seguramente, los propios ingleses apoyarían el desarrollo de los carbonarios.

Murat[10] conoció la existencia de la conspiración y decidió combatir la organización a través del general Menes, conocido por su crueldad, emprendiendo una feroz represión. Esto provocó todo lo contrario; es decir, que aumentara el número de carbonarios con el fin de expulsar a Murat del trono, y este cambió de estrategia intentando atraerse a los unionistas, pero estos aprovecharon el nuevo estado de las cosas para fortalecerse. Para los carbonarios, el triunfo se conocía con una expresión claramente vinculada al bosque: «limpiar de lobos el bosque».

Cuando terminó la ocupación francesa, los carbonarios se enfrentaron a la monarquía de Fernando I de las Dos Sicilias, que había repuesto, en plena época de la Restauración, el absolutismo, y así se desvanecieron todas las promesas de libertad del pasado. Fue un momento de crecimiento de la carbonería, ya que recogió el malestar de la burguesía urbana del reino

---

[10] Murat intentó ser rey de España a raíz de las Abdicaciones de Bayona, pero Napoleón decidió hacerlo rey de Nápoles en el verano de 1808. Intentó establecer una política reformista y de obras públicas, pero la población siempre lo vio como un usurpador frente a los reyes de la casa de Borbón

ante la política real favorecedora de los intereses de la nobleza terrateniente. Sus ideales combinaron el liberalismo con el nacionalismo en ese crucial período histórico de crisis del Antiguo Régimen. Su modelo de organización y sus procedimientos conspirativos e insurreccionales marcaron los inicios de los procesos revolucionarios liberales en Italia hasta 1830.

Después del Congreso de Viena (1815)[11], los carbonarios abrazaron con fuerza, además de las ideas liberales, un marcado nacionalismo italiano, especialmente contra el dominio austriaco. De todas formas, no hubo unanimidad en el seno de la carbonería sobre el sistema concreto de gobierno que se quería en Italia, aunque se partiera del liberalismo.

En 1820, la carbonería tuvo un destacado protagonismo en la Revolución napolitana de ese año. La influencia del ejemplo de la sublevación liberal de Riego en España fue evidente. Michele Morelli y Giussppe Silvati, dos oficiales, y el general Gugliemo Pepe marcharon, a principios de julio, desde Nola hacia Nápoles al frente de varios regimientos de caballería. El rey Fernando I aceptó conceder una constitución y el establecimiento de un parlamento, como había hecho Fernando VII en España. El éxito alentó a los carbonarios piamonteses. En marzo de 1821 consiguieron el establecimiento de un sistema constitucional en Turín.

El sistema de la Restauración no iba a dejar que en el sur de Europa —España, Portugal y parte de Italia— triunfasen sistemas políticos liberales. En febrero de 1821, un ejército derrotó a los insurrectos napolitanos. En el norte, el rey Carlos Alberto de Saboya pidió la intervención de Austria. En el mes de abril, un ejército austriaco venció a los revolucionarios piamonteses. A continuación, se desató la represión contra los carbonarios.

Pero estos siguieron conspirando por la causa liberal y nacionalista. Hubo carbonarios en la Revolución de 1830 en París. Los italianos se levantaron en Módena y los Estados Pontificios. En esta ciudad, Ciro Menotti tomó la

---

[11]Fundamental encuentro internacional entre 1814 y 1815 de las potencias vencedoras sobre Napoleón y que diseñó el nuevo mapa de Europa, además de actualizar las ideologías del Antiguo Régimen frente a los postulados liberales de la Revolución francesa. Las fronteras diseñadas buscaban un equilibrio entre las potencias, pero no tuvieron en cuenta el deseo de los pueblos. Tanto el liberalismo como el nacionalismo serían dos fuerzas que lucharon a partir de entonces para desbaratar la obra del Congreso de Viena.

iniciativa, pero fracasó por la traición del duque Fernando IV de Módena. Menotti fue condenado a muerte[12]. Por su parte, en los Estados Pontificios la revuelta se extendió, en febrero de 1831, por Bolonia, Reggio Emilia, Imola, Faenza, Ancona, Ferrara y Parma, con un claro protagonismo de los carbonarios. Se estableció un gobierno provisional bajo la bandera tricolor, pero el cuerpo de la milicia que marchó hacia Roma fue aniquilado por las tropas austriacas llamadas por Gregorio XVI.

En todo caso, también hubo carbonarios en Francia (*charbonnerie*), en Portugal (*carbonária*) y en España, gracias a los italianos emigrados o exiliados. Para el caso español existe una obra muy curiosa de Vicente de la Fuente que, en 1870, publicó una *Historia de las sociedades secretas antiguas y modernas en España*, donde dedica un capítulo a los carbonarios, pero desde una perspectiva muy crítica.

Los carbonarios se extendieron también por el norte de Italia, especialmente en la Lombardía y la Emilia-Romagna, al conseguir el apoyo de Filippo Buonarroti, que, sin ser miembro, se identificaba con sus ideas[13].

En el seno de la carbonería comenzaron a ganar peso los que comprendieron que solos no podían imponerse a Austria, la gran enemiga. La estrategia para conseguir sus objetivos debía cambiar. Mazzini decidió crear otra organización, la Joven Italia, en la que ingresaron muchos antiguos carbonarios, aunque el destacado político siguió empleando el método de la conspiración en sus luchas, que terminaron, en general, en grandes fracasos. La carbonería siguió existiendo, pero sin casi actividad, hasta su final en 1848.

El origen social de los carbonarios se encontraba en la burguesía, aunque también hubo nobles entre sus miembros. Algunos importantes personajes italianos del momento fueron carbonarios o estuvieron cerca de ellos: Silvio Pellico, Antonio Panizzi, Giuseppe Mazzini, etc.

Los carbonarios aparecieron en la literatura de la época. La principal obra sería, sin lugar a duda, *Vanina Vanini*, de Stendhal, redactada en París en el

---

[12]Menotti terminaría convirtiéndose en un mártir del Risorgimento. En 1888 se publicó una biografía y un año antes se levantó en su honor un monumento en Módena

[13]El pisano Filippo Buonarroti (1761-1837) destacó en la Revolución francesa al lado de Babeuf y luego sería un personaje fundamental en el mundo de las sociedades secretas de la época romántica conspirando contra el sistema establecido, siendo fundador de muchas logias masónicas y miembro de la carbonería. Gracias a él conocemos el desarrollo de la Conspiración de los Iguales de Babeuf por la obra que publicó en 1828.

año 1829. Se trata de una novela corta que relata la historia de amor entre la princesa Vanina y un carbonario. En castellano tenemos una reciente traducción en la editorial Periférica. Roberto Rossellini, por su parte, llevó la novela al cine en el año 1961 con el mismo título.

¿Pero la carbonería era una sociedad masónica? Podemos contestar desde ya que no, pero tuvo algunas similitudes con la masonería.

Así como la masonería se basa en los símbolos de la construcción, los carbonarios lo hicieron en los del gremio de carboneros; es decir, de los que preparaban el carbón y lo vendían. La carbonería adoptó muchos de los procedimientos y ritos masónicos. En relación con los miembros, estaban los aprendices, que, con el tiempo, se convertían en maestros, aunque nunca antes de seis meses. Había juramentos de fidelidad y todo bajo el más estricto secreto, que si se vulneraba se pagaba con la vida. Para identificarse usaban un lenguaje de signos secretos en los apretones de manos. También había signos relacionados con la jerarquía: los maestros llevaban un hacha y los aprendices, un haz de leña en la solapa. Su lenguaje simbólico contaba con expresiones propias de sus fines. Así pues, «limpiar la selva de lobos» equivalía a limpiar la patria de extranjeros y déspotas; es decir, se aunaba la lucha nacionalista con la liberal. El carbón era el símbolo fundamental, lógicamente, de la carbonería. El carbón purificaría el aire y cuando ardía en las habitaciones alejaba de ellas a las bestias feroces. La riqueza simbólica de la masonería, en contraposición, es casi infinita, como lo demostraría en relación con el propio carbón, ya que en este caso simboliza la energía oculta que por medio de su combustión se transforma en calor. Recordemos que el carbón es un combustible fósil. En la masonería, el carbón puede aparecer en su estado natural, es decir, negro y frío, y así simbolizaría la constancia o la «vida durmiente» que espera la llama que revitaliza y produce el calor. En otras ocasiones, el carbón aparece en combustión, es decir, ardiendo. En ese caso, simboliza el fervor y la fuerza espiritual contenida.

Los carbonarios se reunían en chozas o barracas frente a las logias y los templos masónicos. Debemos interpretar que los carbonarios se juntaban en esas chozas como los carboneros lo hacían en cabañas en medio de los bosques, ya que trabajaban con el carbón vegetal. Precisamente, la selva o el bosque estaba en los alrededores de las chozas o barracas.

Parece ser que la carbonería italiana nunca tuvo una dirección suprema. En cada provincia estaban las *vendite* o venta en castellano, algo parecido a lo que podemos entender como logia en la masonería. Esas *vendite* estaban unidas por la alta *vendite*, pero estas no estaban bajo el dominio o gobierno de una superior, es decir, no habría un punto de unión y dirección por encima, por lo que la unión se basaba en la comunión con las ideas fundamentales y algunas líneas generales en relación con el ritual.

Las reuniones de cada *vendite* en las que se desarrollaban las ceremonias del ritual se realizaban en la *baracca*, que, al igual que el templo masónico, era alargada, aunque más sencilla. Su austeridad venía condicionada por el hecho de que los carbonarios, en teoría, debían reunirse en las carbonerías, en lugares que no eran lujosos, en los hornos de carbón, en el bosque, por lo que dicho lugar debía forrarse con tablones.

Frente al damero del templo masónico como pavimento, la *baracca* debía contar con un suelo de ladrillos.

Las dignidades de la *vendite* trabajaban en mesas que solían ser trozos de tronco. No se usaban los malletes como en la masonería, sino que el que actuaba como gran maestre y los vigilantes (recordemos que en la masonería hay dos vigilantes también, el primero y el segundo) empleaban hachas para anunciar con sus golpes la apertura y el cierre de los trabajos.

En la mesa del gran maestre se colocaba un crucifijo con velas encendidas y distintos objetos simbólicos: un paño blanco, recipientes con agua, sal y carbones encendidos (el carbón, siempre presente), una corona de espinas y una madeja de torzal, tres cintas de color azul, rojo y negro. La *baracca* estaba presidida por un cuadro o imagen que debían representar la figura de san Teobaldo, el patrón de los buenos primos. San Teobaldo fue conde de Champagne y en 1050 se retiró a hacer vida de ermitaño en los bosques suabos, donde vivió de fabricar, como no podía ser de otra manera, carbón. Peregrinó varias veces y llegó a Italia, El papa Alejandro II lo hizo santo. En realidad, Teobaldo fue hijo del conde Arnoldo de Champagne, y fue, inicialmente, soldado. Su vida cambió con la lectura de la vida de los padres del desierto, por lo que renunció a la vida militar y de poder, dado su linaje, y decidió seguir la vida contemplativa con su amigo san Walter, vagando por el norte de Francia para establecerse en un lugar solitario de Luxemburgo, construyendo cada uno una celda. Como decía la leyenda carbonaria, realizaron peregrinaciones; una de ellas fue a Compostela, y luego a Roma. Se terminaron por establecer cerca de Vicenza, donde Walter falleció. Teobaldo llegó a reunir varios ermitaños, y puede que muriera a causa de la lepra. La canonización se realizó en 1070. No hemos encontrado, por nuestra parte, reseña de la cuestión de la fabricación de carbón, por lo que, sin negar que fuera cierto, podría ser fruto de la leyenda carbonaria.

Al ser la carbonería una sociedad iniciática, se realizaba una ceremonia. El que iba a ser iniciado, es decir el candidato o pagano, entraba en la *baracca* en medio de un gran silencio y con los ojos vendados (también el aspirante en la masonería debe entrar en el templo así). El conductor exclamaba, entonces, que pedía «auxilio para un buen primo, que traía madera con que alimentar el horno». Como vemos, todo giraba en torno a los árboles, la madera y el carbón en el medio natural del bosque.

En un banco se sentaban los novicios con la cabeza descubierta y enfrente, los maestros cubiertos con sombrero, las manos cruzadas, siempre la derecha sobre la izquierda, y con una cuerda ciñéndoles la cintura.

El candidato debía beber la copa del olvido y emprendía una serie de viajes, algo que nos recuerda que en la masonería se insiste mucho en que la ceremonia de iniciación es la muerte del profano para resucitar como iniciado y que debe emprender varios viajes. En el caso de la carbonería, esos viajes debían demostrar la serenidad y el valor del que se estaba iniciando. En la masonería, en cambio, tienen que ver con la búsqueda de la verdad, de la paz, de la espiritualidad y de la inmortalidad. Era conducido por una simulación del bosque a través de una serie de obstáculos. Se oía el crujir de las hojas y los aullidos de las fieras y había que pasar a través de las llamas. Era todo un símbolo de la vida humana porque, como ocurría en los viajes masónicos, aunque con otros símbolos, estaba llena de obstáculos y dificultades que debían ser vencidos con valor.

Al terminar los viajes se le acercaba al pecho desnudo del pagano una llama para que le diera la impresión de que era herido en el corazón con un puñal afilado. A continuación, se arrodillaba sobre un lienzo blanco para prestar un juramento sagrado que le permitía unirse a la fraternidad de los buenos primos. Era el momento de darle la palabra sagrada de la carbonería, «Fe, esperanza y caridad».

Ese era el momento que podemos calificar de pedagógico porque el gran maestre pasaba a explicar los símbolos a través del diálogo:

«—¿Qué significa el tronco?

—El cielo y la esfera terrestre.

—¿Y el lienzo blanco?

—La pureza de nuestra causa.

—¿Y la sal?

—Nuestra dependencia del cristianismo.

—¿Y el crucifijo?

—Nos recuerda al Redentor, a Cristo, el primer buen primo, el gran maestre del universo.

—¿Y la corona de espinas?

—Las luchas y los sufrimientos de los buenos primos y la devoción.

—¿Y la madeja?

—La madeja que hilaba la madre de Dios, la cuerda que ciñe a la asociación secreta de los carbonarios.

—¿Y el horno?

—La escuela de los buenos primos.

—¿Y las tres cintas?

—Azul: el humo del horno, la esperanza de vernos unidos para el fin de nuestra existencia y por medio de todas las virtudes. Negro: el carbón, la fe, que debe conservar todo buen primo hasta el último instante de su vida. Rojo: el fuego, el amor que debe arder siempre en nuestro corazón».

En la carbonería hubo un elevado sentido religioso y en relación con el calvario y pasión de Cristo, algo que no ocurre en la masonería, siendo mucho más importante este componente cuando se llegaba al grado de maestro. En la ceremonia para alcanzar este grado se insistía mucho en la idea de la entrega absoluta y del abandono de la propia personalidad ante la causa. En ella se procedía al canto del *Miserere* o el *De profundis*. Aquí, en el viaje, el maestro iba maniatado y vestido de blanco, siendo conducido a través de la *baracca* por un capitán que lo llevaba ante Caifás, ante Herodes y, al final, ante Pilatos, que sería el gran maestre vestido con una túnica roja. Ante el candidato aparecería el monte de los Olivos y el vía crucis. Bebía el cáliz de la amargura, era azotado a continuación y luego debía portar la corona de espinas para completar toda la simbología de la pasión. Exclamaba lo siguiente: «Si los sufrimientos que padezco pueden ser útiles a la humanidad, no desearé verme libre de ellos».

El ritual terminaba con la muerte simbólica con el fin de satisfacer el deseo del pueblo. Estaría a punto de subir a la cruz, pero sería indultado al prometer de nuevo lealtad a la carbonería. En ese momento, conocería la nueva palabra sagrada: «Honor, rectitud, virtud».

En este grado habría nuevos símbolos y todos vinculados, precisamente, con la pasión de Cristo. Así, el tronco significaba la madera de la cruz. El horno sería la sepultura sagrada. Las tres ramas secas simbolizarían los azotes que recibió Jesús. La corona de espinas, lógicamente, aludía a la de Cristo. La madeja era el lienzo con el que se secó su sudor. Los colores de la cinta representarían cosas distintas a las que hemos visto en la otra ceremonia. Así pues, el azul sería la esperanza de alcanzar el cielo; el rojo tendría que ver con la fe y el negro era la caridad, el color del duelo y el infierno.

En esa línea de la pasión, los viajes para ser maestro tendrían que ver con el dolor y el sufrimiento y el perdón en la otra vida, mientras que cuando se intentaba ingresar en la carbonería se relacionarían con el nacimiento a una nueva existencia que era grata a Dios.

Cuando se llegaba a maestro en carbonería, además de toda la simbología que hemos relatado, tenía derecho a alcanzar un nuevo conocimiento. En primer lugar, se elegía a los más aptos o capacitados para tomar parte en su actividad. Por eso había que pasar nuevas pruebas y una votación para conseguir el título de gran elegido. Eso le permitía entrar en la gruta, que solo debían conocer quienes, siendo «amantes de la libertad del pueblo», estuvieran dispuestos a luchar contra los «gobiernos tiranos»; es decir, ya se conocería el fin político de la organización. Así pues, un gran elegido estaría en el secreto, precisamente, en la gruta.

Ese espacio debía ser triangular y oscuro, con un presidente que gobernaba desde un trono. La luna y el sol estaban a su lado para ayudarlo, un poco como en una logia masónica, pero con significados y funciones muy distintas. El tronco ya no se tapaba con un lienzo negro, sino con otro rojo con un estilete encima.

En este ámbito supersecreto, el orador explicaba claramente los fines de la carbonería y que no serían otros, como hemos apuntado, que echar de Italia a los poderes extraños, los conocidos como «treinta soberanos». Había un nuevo juramento y un nuevo significado de los símbolos en clave de lucha. Ahora el juramento tenía que ver con el sacrificio de la vida por el triunfo de la libertad, la igualdad y el progreso. El crucifijo sería la muerte de los tiranos; el horno, la llama sagrada de la libertad; los lobos del bosque, los soberanos extranjeros; y la madeja, la cuerda para los enemigos.

Por encima estaban los grandes maestros de los grandes elegidos, que eran las autoridades de la carbonería. Para llegar a esta dignidad había que pasar una ceremonia aún más tremenda que la anterior, muy dramática, nos atreveríamos a calificarla.

Dicha ceremonia se relacionaba con la crucifixión de dos alguaciles por traidores a la causa. Uno de ellos exclamaba: «He merecido mi suerte. ¡Que Dios me perdone!». Pero el otro no se arrepentía en la hora de la muerte y llegaba a lanzar blasfemias y amenazas contra los presentes, los conjurados.

Por su parte, el candidato presente se encontraba con los ojos vendados y el torso desnudo. Se le ataba con cuerdas para hacerle en el cuerpo las señales con las que se reconocían entre sí los grados superiores de la carbonería. Consistían en tres cortes en el brazo derecho, siete en el izquierdo y hasta tres en el pecho a la altura del corazón. A continuación, se lo despojaba de la venda y veía hachas y puñales que lo amenazaban desde abajo mientras los alguaciles sangraban. La escenificación, cuando menos, debía ser impresionante. Uno de los alguaciles parecía ya muerto, pero el otro no, porque cuando el gran maestre exclamaba que muy pronto se estaría libre de tiranos, el moribundo contestaba que eso no era cierto y que todos iban a perecer. Y entonces se escuchaban ruidos de disparos y los relámpagos iluminaban intermitentemente la gruta. Aparecían soldados vestidos con uniformes de reyes extranjeros para combatir a los carbonarios y con la intención de matar al candidato. Pero, en ese momento, los carbonarios, es decir, los buenos primos, reaccionaban con energía para echar a los soldados de la gruta gritando por la libertad y la victoria, así como contra la tiranía.

Siete veces debía caer el tronco del hacha del gran maestre, y así el candidato quedaba investido como gran maestre de los grandes elegidos. De esa manera pasaba a ser poseedor de todos los misterios para poder luchar con una fuerza que no tendría un profano.

La carbonería, como hemos comprobado, tendría una estructura clandestina para la lucha, necesitando menos oficios así como configurar un sistema fiable de relación entre sus componentes, precisamente por su carácter combativo, algo muy distinto a lo que se hacía y se hace en la masonería, un trabajo intelectual simbólico de perfeccionamiento personal, aunque con repercusión externa. Al final, las ventas adquirían nombre, como las logias masónicas tienen los suyos.

---

[14] Una tenida es una reunión de los masones de una logia.

En la carbonería se pagaba con la muerte la traición. Había un juramento, acto que compartía con la masonería, aunque de naturaleza distinta, para el iniciado. El juramento carbonario imponía la obligación de no conocer a los individuos de las demás ventas, algo que no se produce en la masonería, donde, aunque no se puede desvelar a profanos quiénes son masones, sí se mantiene una estrecha relación con hermanos de otras logias, tanto de la propia obediencia como con otras con las que hubiere establecidas relaciones, visitándose en tenidas[14] y participando en actos conjuntos. Pero el carbonario era un luchador o combatiente, algo que no ha sido ni es un masón, por lo que aquel debía preservar la organización, pareciendo lógico que se restringiera el conocimiento de otros carbonarios a los más estrechamente cercanos.

Los iniciados en la carbonería pagaban por estar en la organización, tanto por derechos de admisión, que podían ser de unos cinco francos, como por cuota, siendo en este caso, un franco mensual. En la masonería también habría que pagar al ingresar y se capitaría (cotizaría) mensualmente.

En la carbonería no había comunicaciones escritas. La masonería cuenta con libros de actas, planchas[15], etc. De nuevo, los carbonarios no podían dejar rastros. Las órdenes se transmitían verbalmente por delegados especiales de la venta suprema. En la masonería no se dan órdenes, a pesar de su estricta jerarquía, o, a lo sumo, sus jerarquías, en función de su legitimidad democrática, establecen disposiciones que tienen que ajustarse a constituciones y reglamentos muy detallados y restrictivos. La carbonería, insistimos, se dedicaba a la lucha, y en toda lucha los líderes dan órdenes que deben acatarse. Los carbonarios se comprometían a obedecer sin discusión los acuerdos de la venta suprema y a sacrificar su fortuna y su vida en pro de la libertad y de la patria. Todo carbonario debía tener un fusil con su bayoneta y veinticinco cartuchos. Es evidente que todo esto no tiene nada que ver con los masones, aunque sí la idea del compromiso de que lo dispuesto debía ser acatado, pero los masones no sacrificarían su vida ni su fortuna ni estaban

---

[14] Una plancha es una tabla sobre la que se trazaría el plan de construcción con una regla, asociada a la proporción, el lápiz, que es un instrumento del entendimiento, la escuadra, que proporcionaría el juicio, y, por fin, el compás o espíritu. En la masonería alude a los textos que leen los masones en una tenida sobre temas simbólicos, filosóficos, culturales, históricos, etc.

obligados a tener armas, ya que las únicas que empleaban en el ritual —las espadas— tenían siempre un significado simbólico.

Cada jefe de venta superior y central poseía media tarjeta irregularmente cortada; la otra media la presentaba el delegado para darse a conocer. Además, llevaba palabras de paso y de orden y signos especiales de reconocimiento. Menos la cuestión de las tarjetas, estos aspectos coincidirían con los propios de la masonería, que dispone de palabras de paso y de orden y signos especiales para reconocerse, además del retejo, es decir, lo que en lenguaje masónico sería examinar a alguien cuando se presenta a una logia con el fin de saber si es hermano.

LOS CARBONARIOS FRANCESES

Sin duda, en un siglo lleno de revoluciones y cambios sociales y políticos en toda Europa, la influencia de la orden de los carbonarios se extendió más allá de Italia y, como hemos señalado, podemos encontrar en otros países grupos que seguían sus principios y manera de actuar.

En el caso de Francia, existen dos versiones para explicar su presencia en ese país. Una establece su nacimiento como sociedad secreta el primero de mayo de 1821 en París de la mano de tres jóvenes llamados Boissard, Flotard y Bucher, a los que muy pronto se sumaron otros.

La segunda versión difiere en la fecha, noviembre del año anterior, y en el fundador, Dugied, un oficial del ejército que había sido recibido como carbonario en Nápoles, pero mantiene el lugar, París. Parece que Dugied, al volver a Francia, había propuesto a miembros de la sociedad Amigos de la Verdad la constitución de otra bajo los principios del carbonarismo del que había participado en Italia. Tuvo éxito. En sus estatutos se estipulaba que la fuerza no constituía un derecho y que, habiendo regresado los Borbones por la intervención extranjera, los carbonarios se asociaban para restituir a la nación francesa el derecho que tenía a optar por el gobierno que más le conviniese.

También crearon una organización parecida a la de la carbonería italiana con el sistema de ventas, habiendo una alta venta y ventas centrales, de las que dependían las particulares, compuesta cada una por veinticinco miembros. También se organizó un organigrama: presidente, diputado y censor.

Para evitar la intervención de las autoridades, las ventas se reunían aisladamente y se procuraba que no se conocieran los carbonarios de las distintas ventas. Es más, estaba terminantemente prohibido que un carbonario de una venta estuviera en otra, y el castigo era la pena de muerte. Eran muy estrictos e intentaban evitar la represión que se podía ejercer sobre ellos y que, como hemos visto, en el caso italiano solía ser extremadamente dura, con elevadas condenas de prisión o la aplicación de la pena capital.

Además de la organización civil había otra militar, cuyos miembros se ordenaban con un sistema de legiones, cohortes, centurias y manípulos, de clara inspiración romana. Todo carbonario francés estaba obligado a tener un fusil y cincuenta cartuchos, así como a ejercitarse en el manejo de las armas. Debía estar siempre dispuesto a obedecer ciegamente las órdenes de jefes que no conocía, siguiendo el principio del secreto.

Al parecer, su jefe fue el general Lafayette y los carbonarios franceses protagonizaron algunos sucesos en tiempos de la Restauración en Colmar, Semur y La Rochelle.

Pero los carbonarios franceses no terminaron muy bien. Precisamente, la ejecución de los cuatro sargentos de La Rochelle en septiembre de 1822 fue un golpe muy duro. En todo caso, hay que tener en cuenta que, además de la represión, fue determinante en el final la falta de unidad de acción, seguramente por ese exceso de secretismo que pudo impedir la coordinación, sin olvidar que también surgieron disensiones internas. En el París de la segunda década de principios del siglo XIX pudo haber cientos de ventas, con nombres como Washington, Victoriosa, Belisario, Sincera o Amigos de la Verdad.

LOS CAZADORES

Los cazadores formaron parte de una sociedad secreta creada en el año 1837 después de la primera insurrección canadiense, pero al otro lado de la frontera, en los Estados Unidos. Su objetivo era atraer a los descontentos con los ingleses con el fin de preparar un segundo levantamiento. Los miembros se reclutaron al principio entre los emigrados francófonos, pero luego se extendió la afiliación en el distrito de Montreal y en todo Quebec.

En la organización había cuatro grados siguiendo una jerarquía, un principio común a todas las sociedades secretas y masónicas: cazadores, *raquetes*, castores y águilas. Presentaban un claro sentido militar. Estos últimos eran los jefes con el grado de coronel, mientras que el castor era como un capitán que manda sobre seis *raquetes*, mientras que cada *raquete* se hacía cargo de nueve hombres bajo su mando, los cazadores, es decir, los soldados. Así, a la compañía del castor le correspondían sesenta afiliados.

Existía una ceremonia de iniciación, como es habitual en este tipo de organizaciones donde el secreto y la lealtad eran principios fundamentales. Para poder ingresar se necesitaba la recomendación como mínimo de tres afiliados. La ceremonia era presidida por un castor, acompañado de dos miembros de rango inferior que lo asistían. En este caso, ambos iban armados, uno con una pistola y el otro con un sable. El candidato ingresaba con los ojos vendados. Se le hacían una serie de preguntas cuyo fin era asegurarse de sus intenciones o de su vocación. Después debía prestar juramento de discreción y obediencia de rodillas. En él se especificaba que, de no cumplirse, se le podría cortar el cuello. Es evidente, como hemos visto en la carbonería, que el carácter insurreccional de estas sociedades motivaba estas advertencias, habida cuenta del riesgo que se corría y de la extrema dureza de la represión.

Una vez prestado el juramento se le quitaba la venda al candidato y allí veía a los asistentes a su alrededor con los brazos en alto dispuestos a herirlo, con el mismo significado de lo expresado en el juramento. Perdería la vida si daba noticia de la sociedad o de sus miembros.

Esta sociedad también utilizaba toques, signos y palabras. Así, se tomaba la mano derecha de la persona a examinar en la subida a un nuevo grado, cogiendo enseguida con la izquierda la extremidad de la manga derecha del vestido y levantándola. El examinado debía repetir este toque. Por su parte, el signo se hacía colocando el índice de la mano derecha en la nariz o en la oreja derecha. La palabra de paso era «¿Es hoy martes?», a lo que había que contestar «No, que es miércoles».

La sociedad llegó a extenderse por casi todas las áreas del sur de Canadá, pero también por los estados americanos de Michigan, New York, Maine, Vermont y New Hampshire. Pero no parece que la organización durase mucho, a lo sumo un par de años, porque, al parecer, dos de sus miembros, presos en Montreal, dieron información a las autoridades sobre su funcionamiento y ofrecieron una lista de integrantes. Se detuvo a muchos, con múltiples ejecuciones y deportaciones a Nueva Gales del Sur.

LOS FRANCJARDINEROS

Dentro de los estudios más modernos sobre la masonería, en nuestro siglo, el historiador Robert L. D. Cooper, curador del Museo y Biblioteca de la Gran Logia de Escocia, publicó un libro en francés, en la editorial Ivoire Clair, que fue todo un descubrimiento: *Los Francjardineros. Introducción a los orígenes y la historia de una orden desconocida (Les Francs Jardiniers. Introduction aux origines et à l'histoire d'un Ordre méconnu).* Después se han realizado más investigaciones.

La orden de los francjardineros nació en Escocia para expandirse por Inglaterra e Irlanda en la segunda mitad del siglo XVII, aunque hay datos de su existencia en la misma Escocia en la primera mitad de aquel siglo. Después, en el siglo XVIII, ingresarían miembros que no eran jardineros. En 1849 se creó una gran logia y la orden tuvo logias en Estados Unidos. La francjardinería se mantuvo activa hasta la Segunda Guerra Mundial para decaer luego, aunque, con el nuevo siglo, francjardineros australianos han fundado en Escocia una nueva logia.

Esta orden surgió al calor del interés asociativo británico como una especie de sociedad de socorro mutuo para asistir a huérfanos y viudas y practicar la caridad y la salvaguarda de los intereses gremiales del oficio. Buscaba el mejoramiento personal y sus miembros celebraban banquetes.

Habría muchas similitudes con la masonería porque se dieron iniciaciones con su propio ritual y se hacía uso del compás y la escuadra, a la que se añadía el cuchillo, o sea, «la herramienta más simple para cultivar un huerto», lo que permite «la poda de los vicios y propagación de las virtudes». Al final de la iniciación, el aprendiz recibía un mandil de su grado, como en la masonería.

Si en esta se alude al trabajo de los obreros de la construcción, en la francjardinería se trataría del cultivo de la tierra como símbolo del fomento del espíritu, la inteligencia y la virtud, aludiendo al jardín del edén.

Existía un segundo grado en la francjardinería como en la masonería. Estaríamos hablando de los compañeros, que aquí eran los segundos jardineros. Del jardín del edén se pasaba al huerto de Getsemaní, o sea, del lugar de la creación al espacio en el que Cristo oró antes de ser capturado.

El tercer grado, el de los maestros masones, es el de los terceros jardineros, con el olivo como símbolo, aunque también se compartían símbolos masónicos, como la acacia[16], la rosa[17], las granadas[18], el laurel[19] y el olivo.

Cada grado exhibía su propio mandil, como en la masonería. También tenían joyas de los oficios de la logia, aunque empleando herramientas de trabajo de jardinería[20].

---

[16]En la Antigüedad se relacionaba con Hermes. Sus ramas floridas se vinculaban a la rama de oro de los antiguos misterios, y tenía mucha relación con Osiris, y de ahí pasaría a la masonería en el grado de maestro. La madera de la acacia es incorruptible, y por eso es símbolo de la inmortalidad del espíritu. Así aparece en la leyenda de Hiram. La acacia era la planta que apareció en la tumba del maestro Hiram. Al crecer, se hizo patente dónde había sido enterrado por sus asesinos. Así es; la raíz de la acacia estaba en su tumba, representando la nobleza y pureza de las aspiraciones. Los maestros masones se identifican con la acacia porque cuando acceden al grado salen de la tumba, de entre los muertos, y por ello alcanzan la inmortalidad del espíritu.

[17]La rosa siempre ha sido la flor por antonomasia en la civilización occidental. En la masonería es símbolo de discreción, de unión, como sus pétalos, pero también de virtud y de inocencia. Aparece en muchas ceremonias, como las consagraciones de los templos, el levantamiento de columnas, las tenidas solsticiales, los reconocimientos conyugales, etc. En el grado de compañero, la rosa simboliza el quinto elemento o quintaesencia del último viaje de su recepción en el grado.

[18]La granada es un fruto con una riquísima simbología en muchas culturas y tradiciones. Simboliza la fecundidad y la posteridad numerosa por esa infinidad de granos o pepitas que contiene. En la masonería, puede aparecer abierta como símbolo de la multiplicidad, de la fecundidad y de la unidad dentro de la diversidad de toda creación, precisamente por las características de esta fruta. En grupos de tres se colocan sobre las columnas que dan entrada al templo, aunque, en ocasiones se sustituyen por dos esferas, una celeste y otra terrestre. Se colocan granadas en la entrada con el fin de simbolizar que la masonería está formada por la diversidad de muchos miembros, pero en unidad.

[19]El laurel estaba asociado al amor en Grecia. Dafne fue convertida en laurel para escapar del acoso de Apolo. Cuando lo descubre, el dios convirtió al laurel en un árbol sagrado. ¿Quién no se ha maravillado ante el Apolo y Dafne de Bernini?

[20]Por joyas se entienden las insignias de los oficiales y dignidades en la masonería y se vinculan a las herramientas empleadas en ella. Se portan colgadas en el collar correspondiente, y cada joya designa como un símbolo la función que tiene asignado su portador, siguiendo lo marcado en los distintos ritos y grados. Las joyas, insistimos, aluden a útiles de la construcción —escuadra, nivel, plomada, etc.—, pero también a otros símbolos relacionados con determinadas funciones de algunos oficiales, como, por ejemplo, las plumas del secretario.

De lo natural a lo creado

◆

La relación del ser humano con la naturaleza ha transcurrido por diferentes etapas. Se ha servido de ella para su beneficio (madera, frutos, caza…) y como espacio para el culto, se ha pasado del miedo a internarse en lo más profundo de la selva a trazar caminos que la atravesaran para permitir una comunicación fluida entre pueblos o descubrir las propiedades que se esconden en plantas y árboles. Pero también es un lugar sagrado, espacios que se deben proteger porque en ellos habita el dios o el espíritu que guía a la comunidad a través de un druida o un sacerdote.

Este capítulo trata de exponer esta relación entre lo natural y lo creado, cómo el ser humano primero llenó de símbolos el espacio natural para, como se verá en el capítulo III, crear un lugar civilizado, un jardín a la medida del hombre, para transitarlo reconociendo las señales, en este caso, masónicas.

LOS ÁRBOLES COMO SÍMBOLOS

Antes de adentrarnos en los bosques debemos contemplar los árboles, que, de manera individual y por especie, son en sí mismos un mundo simbólico complejo con su propio significado.

El árbol, efectivamente, es en sí un símbolo universal. Cada cultura, cada pueblo, cada civilización, lo ha adaptado a sus costumbres, tradiciones, folclore o religión. Tanto en su conjunto como tomando sus partes: raíz, tronco, ramas, hojas…, este ser vivo se ha cargado de imágenes y significados. Se une a esto el lugar en el que crece, si tiene propiedades curativas, sus colores y formas, etc. Toda una enciclopedia no sería suficiente para glosar lo que podemos decir de ellos.

En esencia, se asocia en casi todas las culturas a la vida y a la perpetua evolución. Pero, precisamente, por su composición sería una representación del cosmos, ya que tiene un nivel subterráneo con sus raíces, está sobre la superficie terrestre con el tronco y se vincula al cielo o las alturas con sus ramas. Por otro lado, se relaciona con los cuatro elementos. El agua está en la savia, la tierra se vincula con las raíces y el aire da alimento a las hojas. ¿Y el fuego? También tiene su presencia en el árbol cuando se quema su madera. Por último, el propio tronco del árbol puede interpretarse como el eje del mundo.

En la Antigüedad, muchos pueblos consideraban que los árboles poseían energía divina y que esta podía ser empleada por los iniciados en los distintos misterios[21], y adquiere una simbología sobre el estado del ser[22] en las iniciaciones del neófito.

Los árboles y el bosque desempeñaron un papel fundamental entre los celtas por el Yule, su propio solsticio de invierno. Este término está relacionado con la tradición de observar los astros y con los cambios de estación. Pero, sobre todo, era el momento en el que se celebraba el renacimiento del dios y de los espíritus después de su muerte en Samhain, el año nuevo druídico, en la noche del 31 de octubre al 1 de noviembre. El período entre Samhain y Yule era la estación oscura, con menos horas de luz solar, las plantas parecían muertas y los animales hibernaban. En Yule se quemaba un leño de pino o sauce, que se había cortado en el Yule anterior y guardado. El rito era dirigido por el druida. Ese tronco era elegido cuidadosamente. El druida hablaba con los árboles para pedirles permiso y saber cuál era el adecuado para convertirse en el leño de Yule. Se tallaban en su superficie símbolos sagrados relativos al renacimiento, que era el sentido de la celebración. También se tallaban figuras masculinas que representaban al sol. Pero no era una celebración de júbilo como la que estallaba en el siguiente solsticio, el de verano. El druida meditaba y ayunaba con el fin de ayudar a la tierra a renacer para dar sus frutos. Yule implica un ejercicio de introspección, un análisis íntimo sobre lo acontecido y realizado en el año, para renacer espiritualmente. Cuando se quemaba el leño se cerraba el ciclo y comenzaría otro nuevo.

---

[21] Los misterios en la Antigüedad eran, realmente, símbolos, y los que querían participar en ellos debían ser iniciados en ceremonias. Todo se cifra, precisamente, en la iniciación.

[22] Es decir, las distintas etapas que una persona puede experimentar en la vida y, especialmente, en una iniciación, donde se pasa de un estado a otro durante la ceremonia.

Si nos centramos en la tipología arbórea, podemos señalar que para los celtas el roble era sagrado y bajo sus ramas se producía la iniciación, fundamental para los druidas, que escuchaban el susurro de sus hojas en el viento para interpretar los mensajes divinos. Además, sus hojas se empleaban como ingredientes para pociones, rituales de protección y purificaciones. El roble era también considerado símbolo de justicia y rectitud moral.

En Grecia, el vellocino de oro fue robado por Jasón de las ramas de un roble[23]. Este árbol era muy importante para los romanos porque se convirtió en emblema de Júpiter, mientras que el dios Esculapio portaba un bastón con una rama de roble como símbolo, precisamente, de dicho dios.

No debemos olvidar que el roble es también conocido como árbol de Abraham porque, según la tradición, el profeta se encontró con tres ángeles sobre un roble.

En otras culturas, hay que destacar el tamarisco en relación con Osiris y la higuera para los budistas como símbolo de iluminación, pero debemos recordar que, realmente, había tres higueras sagradas; una protegió a Buda, otra prestó sus hojas para que Adán y Eva cubrieran sus desnudeces y la última es la que utilizaba Hathor para alimentar a los peregrinos en el antiguo Egipto, es decir, que la higuera aparece en tres tradiciones distintas. Por su parte, el saúco se asociaría a Pan y el laurel a Dionisos. Perséfone tenía un bosque de sauces en el infierno y la bruja Circe, por su parte, tenía un cementerio dedicado a Hécate. Anteriormente, el dios sumerio Bel era el dios del sauce que los celtas convirtieron en Belenos o el dios solar. Los celtas vinculaban el sauce a la muerte, pero no parece raro por lo que hemos visto en la mitología helena.

Otro árbol que se consideró divino en la Antigüedad era la encina. En Dodona, la voluntad de Zeus se manifestaba a través del murmullo de las hojas[24] de una encina sagrada y por el vuelo de las palomas en el santuario. Al parecer, en Roma se recompensaban el valor y las virtudes cívicas con coronas tejidas con ramas entrelazadas de encina. Asociamos el laurel con las coronas

---

[23]Precisamente, Frixio entregó el vellocino al rey Eetes, que lo guardó en un bosque sagrado, de donde Jasón y los argonautas lo robaron con la ayuda de Medea, la hija de Eetes. Recordemos que el vellocino es símbolo de autoridad y realeza.

[24]Curiosamente, el movimiento de las hojas de los árboles también tenía su importancia en los mensajes divinos que recibía la sibila de Cumas.

que se entregaban a los vencedores en los Juegos Olímpicos, pero parece que la encina también se utilizó para tal fin.

En la Edad Media se creó la Orden de la Encina en Navarra, de la mano del rey García Jiménez, la primera orden conocida en la península Ibérica medieval. Su origen tendría que ver con un suceso que protagonizó el propio García Jiménez. Al preparar a sus huestes para combatir a los musulmanes, habría dirigido su vista al cielo para implorar el auxilio de Dios y en ese momento vio una encina, señal de la redención, rodeada por un coro de ángeles. El monarca interpretó que era un símbolo para la victoria, que consiguió. Siendo rey, obtuvo permiso del pontífice Rodrigo II para fundar una orden militar con ese título. Su emblema era una cruz roja puesta sobre una encina, pintadas ambas en las túnicas de los caballeros, que llegaban hasta las rodillas. Según otra fuente, la encina era verde y sobre ella campeaba una cruz encorada (cubierta) de gules. El estandarte llevaría bordado en uno de los lados tres coronas y en el otro una encina rematada por una cruz, alrededor de la cual se leía la siguiente divisa: «*Non timebo millia circundantes me*». No debemos extrañarnos de la vinculación sagrada de la encina con el cristianismo porque en España existen muchos santuarios dedicados a Nuestra Señora de la Encina y es patrona de distintas localidades.

Otro árbol muy importante en la simbología es el cedro, que suele emplearse como emblema de la nobleza de la perennidad e incorruptibilidad. Salomón, tan presente en la masonería, trajo madera de cedro del Líbano para la construcción del templo. En el *Manuscrito Dumfries n.º 4*, redactado posiblemente en 1710, considerado como uno de los *Old Charges* o Antiguos Deberes y el más extenso, justo antes de la reunión constitutiva de la masonería especulativa en Londres (1723), aparece el cedro en las preguntas referentes al templo. Así, en la pregunta tercera, en relación con la madera de cedro, se dice que esta, así como la de ciprés y la del olivo, no está sujeta a la putrefacción ni puede ser devorada por los gusanos, del mismo modo que no lo estaría la naturaleza humana de Cristo.

El olivo es un árbol fundamental en las culturas y civilizaciones mediterráneas, y por ello ha generado una rica simbología. En Grecia se asociaba a Atenea porque hizo crecer olivos desde el carro de Poseidón detrás del Erecteion. Los romanos, por su parte, convirtieron sus ramas en un distintivo de paz. Así, los emisarios que portaban una rama de olivo eran respetados como personas casi sagradas. Además, se hacían coronas con él para otorgar honores. El islam lo convirtió en un árbol central, como eje del mundo y símbolo del hombre universal y del profeta, un árbol bendito, en suma. La tradición judeocristiana recogió la costumbre romana del símbolo de paz. Estuvo en el origen del mundo porque Noé supo que se había acabado el diluvio cuando le llegó una paloma que portaba una rama de olivo en su pico. El olivo también es símbolo de reconciliación, amor y purificación. En la masonería, es importante entre sus emblemas. El maestro secreto[25] recibe la iniciación debajo del olivo y del laurel.

En el ámbito de la península Ibérica, el tejo fue un árbol sagrado para los cántabros. Se reunían alrededor de uno y en las guerras contra los romanos, justo en el final del largo proceso de conquista, llevaban un preparado del tejo porque era venenoso y lo tomaban para no caer prisioneros de las legiones. Aún hoy en los bosques cántabros podemos encontrar tejos más que centenarios.

Como decíamos al principio de este capítulo, además del árbol en sí mismo o de su especie, también el lugar donde se encuentra o su aspecto determinan su significado. En los altos grados de la masonería, estas características aportan aún más información a todo lo ya comentado.

Si nos centramos en la Biblia, podemos hablar del árbol del apocalipsis con doce hojas y frutos y el árbol de la ciencia[26]. Además, se produjo la tala de árboles para construir el Arca de Noé y, más tarde, para hacer el arca de la alianza y, sobre todo, para levantar el templo de Salomón.

En la Cábala, se dice que el árbol de la vida se encontraba en el centro del paraíso, y representa la armonía y el crecimiento espiritual, mientras que sus doce frutos, entre los que destacan el amor, la verdad, la belleza o la sabiduría, simbolizan su misma esencia como manifestación del sol. Sería como un mapa de la creación. En el catolicismo, representa el estado inmaculado de la

---

[25]El maestro secreto, es decir, el cuarto grado en el rito escocés antiguo y aceptado y ya un grado filosófico.

[26]El árbol de la ciencia es uno de los dos árboles del paraíso que aparecen en el Génesis, junto con el de la vida. En la tradición judía sería el árbol del conocimiento y comer sus frutos representaría el comienzo de la elección entre el bien y el mal. Antes de ese momento, ambos estaban separados. En la Cábala, el pecado del árbol del conocimiento provocó la tarea del tamizado a través de la mezcla del bien y del mal en el mundo para liberar las chispas de la santidad atrapada. En el cristianismo, el consumo de la fruta del árbol del conocimiento fue el pecado original.

humanidad libre de corrupción y del pecado original antes de su caída. San Buenaventura explicó que la fruta medicinal del árbol de la vida era Cristo, y san Alberto Magno expuso que la eucaristía era su fruto. Para el cristianismo ortodoxo es el amor de Dios. En la masonería, tiene relación con su templo …, pero mantengamos discreción respecto a esto.

Los árboles aparecen en alguno de los altos grados del rito de Memphis-Mizraím[27]. Y también en el rito de Cagliostro[28].

Así pues, tomados individualmente, los árboles son símbolos importantes en la masonería y en ritos mistéricos del pasado, pero el conjunto de árboles forma un espacio mágico, un lugar que atrae y repele: el bosque.

DENTRO DEL BOSQUE

Los bosques han ejercido una constante atracción simbólica al representar lo agreste, lo rústico, pero, sobre todo, lo oscuro de un mundo donde, aparentemente, no habría orden y apenas llegaría la luz solar. Precisamente por esa falta de luz y de orden, fue muy atrayente para los misterios en la Antigüedad y para las religiones y sociedades iniciáticas posteriores. Se hacía necesario atravesarlo, aunque estuviera lleno de peligros amenazantes, para el renacimiento que toda iniciación supone.

Cuando se diseña un jardín masónico siempre se dispone un espacio para integrar un bosque a pequeña escala. Este lugar propicia el comienzo del viaje iniciático de la oscuridad a la luz.

En la literatura popular, en casi todas las leyendas y narraciones, los personajes se pierden y se encuentran en la espesura, aunque a veces simplemente viven cerca de las arboledas y se relacionan con estos lugares de diferente manera. Asimismo, el bosque es un mundo de soledad, de problemas, pero también de curación, para crecer, aunque puede imperar la putrefacción. Esta

---

[27]Rito masónico que Garibaldi creó por fusión del de Memphis y el de Mizraím, quien en 1881 se convirtió en su primer gran maestre.

[28]Alessando de Cagliostro (1743-1795) fue un destacado ocultista, aventurero, personaje preocupado por lo espiritual y también alquimista. Viajó por la Europa del siglo XVIII, siendo muy popular en distintas cortes. Se inició en la masonería en Londres y después diseñó un rito egipcio, que mezclaba el hermetismo y los saberes de la Antigüedad. Fue condenado por la Inquisición y su obra quemada en público. En todo caso, Cagliostro sigue siendo una autoridad en el ocultismo.

es la reducción a polvo o podredumbre de un ser vivo, por lo que simbolizaría la transmutación de la naturaleza antigua por una nueva. Estaría en el primer estado de la transmutación en la alquimia y aparece en la iniciación masónica, pero, sobre todo, en relación con el cadáver de Hiram[29] cuando fue encontrado por los nueve maestros, renaciendo la sabiduría del que va a ser maestro, el tercer grado de la masonería simbólica. La putrefacción, como vemos, tiene un significado relacionado con la resurrección. Viene a ser como la destrucción de los restos que dificultan el avance espiritual. Se suele representar con una iconografía de esqueletos, calaveras o cuervos negros.

Interesante fue que Cervantes incluyera el caballero del bosque, caballero verde o caballero de la selva, que desafiaba a Quijote, al que se enfrentó, en principio, para regresar a sus cabales. Al parecer, era un caballero que poseía en potencia todo lo necesario para la metamorfosis, otro concepto tan importante en las iniciaciones.

En el bosque habitan seres especiales, los elfos, que surgen entre las raíces o las zarzas. Algunos son bondadosos mientras que otros tienen sentimientos perversos. Pero también existen brujas y hechiceras, sátiros, magos, hadas, diablos y hasta ángeles, toda una civilización propia.

El bosque puede representar el mundo astral donde los espíritus deambulan. Aparece en la *Divina comedia* de Dante. Precisamente, en ella se entra en «el oscuro bosque del páramo psíquico», porque el bosque poseería una «misteriosa impenetrabilidad», las «cosas aparecen y desaparecen de repente y no hay caminos», por lo que «cualquier cosa es posible».

---

[29]Hiram era un maestro en los metales, hijo de Neftalí, que se crió en Egipto, donde fue introducido en los misterios. Enviado por el rey de Tiro a colaborar en la construcción del templo de Salomón, fue quien instituyó la masonería. Pero Hiram fue asesinado por tres compañeros que trabajaban en la edificación porque deseaban acceder a un conocimiento que no les correspondía por su condición. Faltaba poco para terminar la obra y ellos no conocían los secretos de los maestros, por lo que decidieron entrar a la fuerza en la cámara del medio, el lugar de los maestros. Pero necesitaban conocer la palabra de paso. Hiram prefirió morir antes que doblegarse a las amenazas. La leyenda resalta, en consecuencia, el conflicto entre las virtudes, encarnadas en Hiram, y los vicios de los compañeros. Para los masones, Hiram es la representación del gran maestro, emblema del sol, porque aparentemente muere y resucita en cada ciclo. Es el símbolo de la lucha constante y en todas partes entre el bien y el mal, entre las pasiones y lo espiritual. Hiram es un héroe, el iniciado que por aceptar su sacrificio accede al estadio de la liberación. Es el gran mito en relación con el grado de maestro.

Pero, además del carácter mistérico e iniciático de los bosques, también tienen que ver con la civilización porque aportan materiales fundamentales para la construcción, especialmente la madera, pero también la leña para calentarse, plantas medicinales y la caza; es decir, que no debemos olvidar nunca que entre lo mistérico y simbólico está lo práctico, lo material, fundamental como lo espiritual para la vida.

En este último ámbito, el folclore norteamericano cuenta con el conocido héroe Paul Bunyan, que cortaba bosques enteros con una gran hacha, en Maine, todo un símbolo de la importancia de la explotación forestal y de los leñadores en los Estados Unidos en los tiempos fundacionales.

En relación con el paisaje hay un elemento muy importante: el valle, un espacio abierto hacia el que convergen las aguas de las montañas. Así pues, es símbolo de las transformaciones y la unión de las fuerzas contrarias que fecundan, la unión de la tierra y el agua del cielo. Los hebreos consideran que simbolizaba el lugar donde camina Yahvé y donde se unen el alma humana y la gracia de Dios. Curiosamente, en la masonería los valles tienen una significación geográfica muy pronunciada, porque se alude a ellos cuando se intenta situar una logia[30].

LOS BOSQUES SAGRADOS

El origen de los bosques sagrados en la Antigüedad se encontraría en la búsqueda de un rincón oscuro y sombrío donde los seres humanos pudieran realizar sus cultos. Comenzaron amontonando terrones de tierra, siendo los primeros altares, para luego ir complicándose más con piedras y después con rústicas construcciones a modo de capillitas que se fueron transformando en templos.

La importancia de los bosques se mantuvo en la memoria de los seres humanos. Cuando levantaron los templos, ya en otros espacios, en los témenos, es decir, los terrenos delimitados y consagrados a una deidad y, por lo tanto, sagrados, procuraban plantar pequeños bosques, siendo tan sacros como los propios templos y altares.

En Grecia y Roma, muchos de ellos se consagraban a Diana, y allí, en las festividades, el pueblo se reunía para celebrar banquetes, fiestas y bailes pú-

---

[30]Cuando se alude a una logia se dice, en «los valles de Madrid, o México, o Sevilla…».

blicos. Los árboles de estos bosques sagrados terminaron por ser consagrados, ofreciéndoles adornos y ofrendas, cintas y coronas, como si fueran las estatuas de los dioses. Aparte de la diosa cazadora, los romanos veneraban a Silvano y a Fauno como divinidades de los bosques. Silvano, además de ser un dios tutelar de los campos y los graneros, fue el primero en poner las piedras para señalar los límites, y también era un *sylvestirs deus:* presidía las plantaciones y disfrutaba de los árboles que nacían salvajes. Por su parte, Fauno, hijo de Pico y Canente, también se relaciona con las campiñas y los ataques de las alimañas.

En Oriente Medio, en Labraunda, se conoce un gran santuario, que Heródoto situó en un gran bosque sagrado de plátanos, de los antiguos habitantes de Caria. Por su parte, en Siria existía uno consagrado a Adonis, en Apheca.

Ya en la antigua Grecia, fundamental fue el robledal de Dodona, una importante ciudad-santuario donde se encontraba el oráculo griego más antiguo, al pie del monte Tomaro en Epiro, en una región alejada de las polis principales. En Atenas existía un bosque sagrado de olivos, el bosque de la Academia. También los había consagrados a Perséfone, la diosa del inframundo. Otro bosque sagrado destacado estaba al pie del monte Helicón. En la colonia griega de Massalia existió otro que cortó Julio César en su asedio. Afortunadamente, el poeta Lucano nos lo inmortalizó en su Farsalia, poema inacabado sobre la guerra entre César y Pompeyo.

En Italia estaría el bosque de Ariccia, donde se levantaba el templo de Diana Nemorensis, y gracias a él conocemos la vinculación de la diosa en relación con los bosques sagrados. Precisamente, la Diana Nemorensis o Diana de Nemi es también conocida como Diana del bosque. Al parecer, este templo inspiró a James Frazier para su obra *La rama dorada*, un extenso tratado de varios volúmenes que apareció por vez primera en 1890 y que trata de mitología y religión comparada.

Ya en Roma, en un extremo del foro se levantaba la casa de las vestales con su bosque sagrado, pero desapareció en el pavoroso incendio del año 64 en tiempos de Nerón.

A pesar de algún desastre como el del bosque de Marsella, los antiguos intentaban protegerlos. En Spoleto se descubrieron unas inscripciones de finales del siglo III a.C. donde se pueden leer los castigos que podían sufrir los profanadores de los bosques sagrados dedicados a Júpiter.

En las regiones bálticas también había bosques sagrados. El principal asociado a un santuario se encontraba en Romuva, en la antigua Prusia oriental.

Romuva es un término que se asocia al paganismo lituano y significa templo o santuario.

Por su parte, los bosques sagrados son fundamentales en la mitología escandinava. El principal era el del templo de Upsala, donde cada árbol era en sí sacro. La práctica del sacrificio ritual se realizaba, precisamente, en estos lugares. Según las leyendas, los reyes debían sacrificar nueve machos de cada especie cada nueve años. También los pueblos germanos disfrutaban de bosques sagrados.

Los celtas tenían los *nemeton*, en lengua galesa, donde los druidas celebraban sus rituales hacia la diosa Nemetona. Existen muchos bosques sagrados celtas en el oeste y centro de Europa, así como en las Islas Británicas. Uno de los más conocidos era el de Névet, en la Bretaña, que debía tener menhires para marcar los doce meses del año.

Fuera de Europa también abundan, como en la India, donde podría haber unos catorce mil, aunque seguramente en el pasado hubo muchos más. Allí, cada uno se asocia a una deidad determinada, casi todas hindúes, aunque algunos bosques se asocian al islam o al budismo. En ocasiones, no estamos hablando, realmente, de bosque de árboles, sino de zonas de matorrales o de sotobosque.

En Japón, los bosques sagrados se asocian a santuarios *shinto*. En este sentido, la cryptomeria es un árbol venerado en la religión sintoísta, una conífera muy especial, endémica del Japón, y allí es conocida como *sugi*. El bosque *shinto* más importante es el de Atsuta-ku, en Nagoya, con unas mil quinientas hectáreas, y asociado, como no podía ser de otra manera, con un santuario. En este caso, el de Kashima. Otro santuario destacado es el de Kamo, con su bosque sagrado de Tadasu no Mori, en la ribera del río Kamo, al noroeste de Kioto. Pero también hay bosques vinculados a otros cultos. En Okinawa existen bosques sagrados en relación con la religión ryukyuan. Son conocidos como *utakis*, es decir, lugares de adoración, como el Seifa-utaki que, además, es Patrimonio de la Humanidad. Además, existe uno muy especial en Japón, el Aokigaraha, o Mar de Árboles por su enorme extensión, al noreste de la base del monte Fuji. Y es especial, y hasta peligroso, porque es el lugar que muchos japoneses eligen para suicidarse.

También el continente africano está lleno de bosques sagrados. Fundamentales son los de Ghana. También los hay en Nigeria, donde destaca el de Osun-Osogbo, que es Patrimonio de la Humanidad, dedicado al dios de la fertilidad en la mitología yoruba, y donde hay santuarios y esculturas. En Kenia se sitúa Kaya, mientras que en Etiopía se encuentra el bosque Sheka. Por fin, Senegal tiene el Usuy. Una cuestión muy importante que podemos señalar es que el baobab está considerado como un árbol sagrado en casi toda África[31]. Pero regresemos a Occidente. Los cristianos, en tiempos de las cruzadas, solían levantar iglesias en los lugares de los antiguos bosques sagrados, una prueba más del peso de la tradición entre la Antigüedad pagana y el cristianismo.

Después, en el Renacimiento, destaca el Bosco Sacro, el jardín de Bomarzo. Dicho bosque supone un verdadero ejercicio iniciático que puede vincularse, en cierta medida, con la masonería. En realidad, es un parque, un oasis del mundo para poder serenar el corazón, una obra realizada por iniciativa en 1547 del duque Pier Francesco Orsini, duque de Bomarzo, al enviudar. Orsini tuvo en su vida una estrecha relación con los neoplatónicos florentinos y de ellos aprendió a ocultar las verdades bajo un velo de misterio.

Nos adelantamos aquí al capítulo siguiente, en el que veremos ejemplos de jardines en diferentes países y ciudades, pero creemos interesante desgranar en este punto la creación de Pirro Logorio, el encargado del diseño y ejecución del Bosco Sacro de Bomarzo.

Logorio, un arquitecto que había supervisado las excavaciones de la villa Adriana y construido la villa d'Este, ambas en Tívoli, creó un jardín sin formalismos, sin espacios delimitados ni rutas fijas. El paseante debía descubrir lo que el parque contenía. En distintos lugares se insertaron inscripciones que lo invitaban a olvidarse de las preocupaciones y dejarse llevar por el placer del descubrimiento[32].

Más de veinte grandes estatuas se levantaron, inspirándose, en cierta medida, en las gárgolas y en las figuras grotescas del gótico de las catedrales, pero con proporciones monumentales. En todo caso, también algunas de estas estatuas gozaban de una dimensión práctica, como la gigantesca cabeza de

---

[31]Los bosquimanos consideran en Namibia que son árboles del revés, arrojados por la divinidad desde el cielo. Los griots de Senegal, es decir, los guardianes de la memoria de los pueblos, son enterrados al pie de un baobab.

[32]Por otro lado, sigue siendo una aventura excitante adentrarse en las páginas de la novela del mismo título, Bomarzo, del escritor argentino Manuel Mújica Laínez. La obra nos cuenta la vida de Orsini en su palacio y en el Bosque de los Monstruos de Bomarzo, cerca de la ciudad de Viterbo, apareciendo toda la pléyade de personajes del Renacimiento.

ogro que suele emplearse como ilustración de este parque y que tiene una mesa de piedra en el interior de su boca. Otras esculturas se ligan con la idea de la muerte porque el Bosco se hizo a raíz del fallecimiento de un ser querido, la esposa del duque. Otras, en cambio, se vinculan con el combate entre el bien y el mal. En el parque hay una esfinge, que sería el guardián de los misterios de la sabiduría oculta según explicaba Plutarco. La esfinge es el enigma, lo secreto, y por eso está presente en la masonería, porque sus trabajos deben permanecer ocultos y no conocerse.

Glauco tiene su propia estatua, el pescador que comió una hierba mágica y se convirtió en un monstruo horrible del mar[33]. Una monumental escultura, por su parte, representa a Hércules y Caco, o sea, el combate entre el bien y el mal, inspirado en los trabajos de Hércules o en el *Orlando furioso de Ariosto*[34]. Fascinante se nos aparece la casa inclinada, en uno de cuyos muros leemos «Para que el alma gane prudencia hay que buscar la tranquilidad» e «intenta tranquilizarte en esta morada, entra, ¡a ver si encuentras la paz!». Entonces el caminante ya puede enfrentarse al dragón, que es atacado por un perro, un león y un lobo, es decir, el pasado, el presente y el futuro. El dragón encarnaría la amenaza permanente, invencible.

Por último, nos acercamos a Ariadna, que nos permite reflexionar sobre el principio de que nunca hay que bajar la guardia porque en sueños, como a ella le ocurrió, los peligros acechan, ya que durmiendo fue abandonada por Teseo.

Al final del Bosco está el templo dedicado a la esposa de Orsini, de estilo toscano, con pronaos y cella ortogonal, simbolizando la resurrección. Al salir del parque te encuentras con el templo, y de ese modo sabremos que la verdadera inmortalidad se lograría en la vida terrenal, cultivando la virtud y superando las dificultades. En cierta medida, principios también de la masonería[35].

---

[33]Al parecer, Glauco mascó unas plantas mágicas cerca de Antedón, en la isla de Eubea. De ese modo, se metamorfoseó de tal manera que su barba y su melena se volvieron de un verde oscuro como el de las algas marinas y sus piernas se transformaron en una cola enroscada como la de un pez.

[34]En la obra de Ludovico Ariosto se incluyen, además de cristianos y sarracenos, soldados y hechiceros, criaturas fantásticas como la orca, un gigantesco monstruo marino, o un caballo volador denominado hipogrifo.

[35]Los masones siempre tienen que trabajar para construir su templo interior, es decir, para conocerse con los instrumentos y símbolos que ofrece la orden. Ese es un camino de complejas dificultades porque tienen que ver con uno mismo más que con factores externos. Por eso hay que cultivar la virtud y superar las dificultades.

EL JARDÍN: ESPACIO NATURAL PARA LOS SÍMBOLOS

Lo hemos visto ya en el Bosco de Bomarzo: el jardín se puede convertir en un espacio en el que el ser humano podía trabajar con la naturaleza, pero también con la arquitectura y la escultura para, a través de los símbolos, expresar para iniciados o personas cultas e informadas un conjunto de enseñanzas para el aprendizaje de la vida.

De ese modo, a partir del siglo XVIII en distintos lugares de Europa se abrieron jardines muy elaborados y sofisticados, pero donde la naturaleza era muy importante, eso sí, y como veremos desde los inicios del paisajismo inglés, se trataría de una naturaleza civilizada.

Un sendero, una gruta, un lago, un templete, una estatua, una columna, un abejero, una esfinge, un laberinto, una ermita o un bosque no eran elementos gratuitos o para el puro solaz. Todo tenía un significado y el paseante avisado debía conocerlo, investigarlo o meditarlo.

Por su parte, en la propia fundación de lo que se ha denominado la masonería especulativa al comienzo del siglo XVIII en Inglaterra, es decir, en las *Constituciones* de Anderson (1723)[36], el jardín es una obra arquitectónica porque recordemos que los masones son obreros, albañiles, arquitectos y constructores. Así, en la larga introducción justificativa de la masonería de dicho texto, aparece Nabucodonosor, caracterizado como el «gran maestro masón» entre cuyas construcciones estarían los famosos jardines colgantes de Babilonia, que se describen profusamente aludiendo a sus terrazas, que podrían evocar lo que veremos en muchos jardines masónicos que se levantan en distintos niveles y con escalinatas.

Por otra parte, la masonería, dada su tradición alquímica, trata de los cuatro elementos: tierra, aire, fuego y agua. En el jardín se necesita, evidentemente, la tierra y el aire, pero, sobre todo, el agua, un elemento que siempre estará asociado a los jardines iniciáticos, como veremos en todos los que vamos a estudiar. Precisamente, el jardín inglés, además de abrir lagos, estanques y fuentes, recuperará un elemento clásico, el ninfeo, con una gruta

---

[36]Tradicionalmente considerado el texto clave de la denominada masonería especulativa, fue redactado por el pastor James Anderson y el filósofo Jean Théophile Désaguliers. El texto luego se modificó en 1738 y en 1813. La obra consta de una parte con los deberes u obligaciones para los masones, sus logias y las relaciones entre los miembros, otra de reglamentos y, por fin, una parte con cantos.

de donde mana agua y donde se baña Venus con sus ninfas. Curiosamente, uno de los lugares donde se alcanzaría una intensa belleza sería en el Criptopórtico y en el Baño de Venus en el jardín inglés del Palacio Real de Caserta, es decir, fuera de Inglaterra, pero con las características que nacieron en aquel país. Un criptopórtico es una gruta húmeda realizada por el hombre donde el agua es la gran protagonista.

El agua, por lo tanto, posee una importancia primordial en el mundo del simbolismo desde los tiempos más remotos. Es fuente de vida, sirve para purificar y regenerar. En la tradición judeocristiana, el agua simbolizaría el origen de la creación. Por ello, los lugares sagrados estarían cerca de manantiales y pozos. El bautismo es un sacramento fundamental y la inmersión tendría la virtud de purificar, de regenerar; es el renacimiento. En el islam, el agua también es esencial. En el Corán se habla del agua que cae del cielo como una señal divina, y el hombre sería creado de agua que fluye. Las abluciones son preceptivas para los musulmanes.

El agua sería una fuerza vital opuesta al fuego en la masonería. Cuando se unen ambos, el agua se volatizaría, completando la trinidad. Es uno de los cuatro elementos. Al parecer, el agua, el aire y el fuego serían tres compañeros que acompañan al hombre y lo abandonarían cuando fallece. Así, en las exequias se le devolverían por medio del agua lustral, el incienso y los cirios[37].

Pero, además, el agua está muy presente en las tenidas y ceremonias masónicas. En la cámara de reflexión es el alimento fundamental porque fertiliza la tierra para que germine la semilla. Después, en la iniciación, el segundo

---

[37]El aire es un elemento activo y masculino, como el fuego, frente a la tierra y el agua, que son femeninos y pasivos. El aire es un elemento sutil entre el fuego y el agua, ya que resulta de la unión de las propiedades de ambos, el calor y la humedad. Esa unión es sinónimo de espiritualidad. En la masonería, el aire corresponde al movimiento, a la respiración que alimenta la vida, al Oriente, a lo masculino y positivo, a lo intelectual y a la filosofía. Es uno de los elementos que aparecen en la iniciación de un aprendiz con un valor purificador. El fuego, por su parte, es el cuarto elemento y atributo divino y tiene una rica simbología. Existe el fuego del cielo, que ilumina pero también quema, y el fuego del infierno, que destruye y purifica. Está muy presente en toda iniciación porque es regenerador. Así pues, en la masonería supone la purificación, complementaria a la del agua. Por su parte, la tierra es un elemento pasivo, oscuro y denso. Representa la substancia prima, el caos primordial, la materia de la que se moldea al hombre. Tiene una función materna porque da vida, es la Madre Tierra. En masonería, partiendo de estos significados, aparece en la cámara de reflexión porque el postulante debe entrar descalzo para estar en contacto con la tierra. Además, se asocia al aprendiz.

viaje se denomina prueba del agua, consistente en la purificación y el bautismo filosófico. En el pasado, la prueba llevaba a una inmersión completa, aunque con el tiempo ha bastado con que se sumerja el puño izquierdo. En los altos grados del rito escocés antiguo y aceptado también hay agua, ya sea perfumada para las abluciones, ya como signo de reconocimiento. También aparece en el rito de Memphis y en los ágapes masónicos, y recibe distintos nombres según el rito que se practique.

EL JARDÍN MASÓNICO: LA IMPORTANCIA DEL PAISAJISMO INGLÉS

Como estamos viendo, el hombre civiliza la naturaleza y la llena de símbolos. Crea un paisaje en el que la disposición de los árboles y las plantas, la localización de ciertos elementos arquitectónicos o el diseño de un laberinto le permiten transitar por un espacio conocido y, al mismo tiempo, secreto para los no iniciados.

En el gran siglo de la masonería, el jardín se convirtió en un espacio donde plasmar el viaje que supone ser iniciado en la orden, donde se muere para renacer, se deja de ser profano y se abandona la ignorancia para saber, para conocer, para alcanzar la luz.

El jardín se convierte para algunos masones mecenas en un entorno ideal para plasmar las ideas y creencias de la orden en un espacio público o semipúblico, más allá del secretismo de la logia, del templo masónico, vedado para los profanos, pero donde nada es explícito, sino implícito.

Por ello mismo, en ese paisaje solamente los iniciados conocen el significado de los símbolos en los templetes, estatuas, laberintos y grutas que se levantan, aunque puedan ser disfrutados por otras personas. Así pues, el jardín masónico tendría un valor ambivalente. Es público, algo no propio de la masonería, pero con un significado oculto, algo consustancial a la orden.

Los jardines masónicos se llenaron de templos dedicados a la virtud, la sabiduría, el bien, la amistad, de grutas marinas que podían recordar el mito del paso de Caronte, de esfinges, abejeros, columnas, de relieves con símbolos de la orden, pirámides, torres, laberintos, etc.

Fue en Inglaterra donde en el siglo XVIII nacería un concepto paisajístico del jardín alejado de lo que se consideró la tiránica geometría impuesta desde el modelo francés versallesco. Los británicos introdujeron el paisaje en el jardín. Fue un proceso que se inició, realmente, en el siglo anterior, cuando, en la década de los años ochenta, sir William Temple, dueño de Moor Park, publicó una obra, *Los jardines de Epicuro*, en donde contraponía el jardín regular a la francesa con la tradición oriental china, donde abundaban los trazados asimétricos. En ese momento comenzaba a pensarse que los jardines podían contar con caminos sinuosos y no con avenidas y parterres. También fue muy destacado el tratado de Robert Castell, ya en 1728, *Las villas de los antiguos*, donde hablaba de lo que había supuesto el arte de la jardinería en la Antigüedad. De ese mismo año era la obra de Batty Langley *Nuevos principios de jardinería*, autor fundamental sobre el que más adelante profundizaremos.

El poeta Alexander Pope teorizó sobre el concepto de paisaje ideal vinculado a la Antigüedad clásica, pero sin la dimensión geométrica que hizo triunfar en el continente Le Nôtre mediante Versalles. Pero tampoco era un paisaje salvaje, es decir, no era un bosque, sino que había que realizarlo con un sentido pictórico. Se trataba de una naturaleza civilizada. Así, la pintura francesa del siglo anterior, curiosamente, de un Poussin o de un Claudio de Lorena, que pintaron magníficos jardines, el primero con un elevado tono clásico y múltiples referencias clásicas (*Et in Arcadia ego*) y el segundo con más ensoñaciones prerrománticas, influyeron en el diseño de los jardines ingleses. Otra influencia procedió de la literatura, de la poesía clásica de Virgilio, sobre todo de sus *Bucólicas*. Como hemos visto, también influyó Pope que, además, fue un gran traductor clásico. Por otra parte, no podemos dejar de mencionar la influencia de El paraíso perdido de Milton (1667). Además, el *Grand Tour*, emprendido por muchos jóvenes nobles británicos con sus respectivos tutores, permitió conocer los jardines fuera de Inglaterra, especialmente, los italianos. El *Grand Tour* fue una costumbre formativa sumamente sugestiva a través del viaje cultural, eso sí, solo al alcance de los más privilegiados.

El periodista Joseph Addison publicó al comienzo de la segunda década del siglo XVIII una serie de trabajos en *El espectador*, reunidos bajo el significativo título de «Los placeres de la imaginación». En algunos trató de los jardines, vinculándolos a las nuevas concepciones filosóficas relacionadas con la libertad, justo después de que Locke planteara los principios básicos del liberalismo en sus *Ensayos*.

Avanzado el siglo contamos con una amplia bibliografía: Horace Walpole publicó en 1770 *Essay On Modern Gardening* (1770); William Gilpin sacaría, por su parte, *Three Essays on Picturesque Beauty*, aunque seguramente la obra más importante fue el tratado de Thomas Whately *Observations on Modern Gardening*, que se editó en Dublín en 1770.

En este ambiente, la jardinería se convirtió en un arte que las élites cultivadas consideraron de gran importancia porque influía en el alma y en las sensaciones de todo tipo que podía generar el paseo y la contemplación de un jardín paisajístico, de la misma manera que hacía, por ejemplo, la música, otro arte tan vinculado a la masonería.

Y en este contexto la masonería jugaría un papel predominante en relación con el jardín paisajístico inglés, con ese concepto que ya hemos acuñado de naturaleza civilizada. Para los masones, la arquitectura y la geometría son artes fundamentales, empleando todas las herramientas de la construcción —el compás, la escuadra, el nivel, la regla, la plomada, etc.—, convirtiéndose en símbolos. Por su parte, el jardín podía combinar la naturaleza con las construcciones derivadas del arte arquitectónico y de la sabiduría de la geometría para poder llenarse de referencias masónicas.

Las logias se convirtieron en centros de estudio e investigación en estas materias, donde artistas, arquitectos, jardineros, paisajistas trabajaban masónicamente al lado de nobles y burgueses, creándose lazos intensos que permitieron abrir villas y jardines emblemáticos por toda la geografía británica.

Así es; el siglo XVIII generó nuevos espacios de sociabilidad y especulación al calor de las luces, con ánimo de discutir, plantear, enseñar y también divertir con novedades científicas, artísticas, filosóficas, literarias, económicas, sociales y hasta políticas. La masonería adquirió en dicha centuria, por lo tanto, un evidente protagonismo, más que para poder discutir en su seno las ideas ilustradas y del primigenio liberalismo, para aplicarlas, porque en el templo, en el taller, se practicaba la igualdad, principio revolucionario que cuestionaba la desigualdad jurídica de la sociedad estamental, además de la libertad y la fraternidad. Acudir a una tenida se convertía en un momento clave para estos hombres que podían, durante un espacio de tiempo determinado y de forma periódica, relacionarse dentro de una estricta jerarquía a la que, en cierta medida, estaban acostumbrados, pero que no surgía de una imposición secular, sino que nacía de la democracia. Así es; las constituciones de la institución, con salvedades y particularidades propias de cada oriente y/o logia, establecían que las decisiones más importantes debían ser tomadas por todos los hermanos en las tenidas o asambleas, es decir, la iniciación de nuevos miembros, la elección de los cargos y los propios cambios o reformas de los estatutos o reglamentos. Y la igualdad, insistimos, era un hecho evidente que respetaba, como hemos expresado, la jerarquía interna propia de grados y oficios, pero que eliminaba las profanas, basadas en el nacimiento y en el estamento al que pertenecías y permitía la libre manifestación de las opiniones. Además, la fraternidad, al ser todos hermanos y/o hermanas, traspasaba también las barreras del mundo profano, del exterior.

En este medio y contexto destacó la figura del arquitecto y masón Batty Langley en la primera mitad del siglo que, además, fue un prolífico autor. Langle daba clase en una especie de escuela de construcción, enseñando a muchos nobles la geometría y el diseño de todo tipo de construcciones insertas en los jardines, siendo muchos de ellos también masones. Es decir, que se trabajaba en ese espacio común que trajo la masonería porque unía a personas de medios sociales muy distintos, a artistas y artesanos con nobles y burgueses, impensable relación en el pasado en una organización reglada. En las logias inglesas se fraguaron, sin lugar a dudas, los jardines paisajísticos. Langley fue una figura fascinante por su reinterpretación del gótico en clave clásica, por sus diseños paisajísticos, por su infatigable labor editorial y por su evidente vinculación masónica. Uno de sus hijos llevaba, precisamente, el nombre de Hiram. Fundamental en este contexto fue su obra *La Joya del Cosntructor* (1741), en cuyo frontispicio aparecen claros elementos masónicos. Tampoco debe olvidarse, en clave paisajística, sus *Nuevos principios de jardinería* (1728), donde incluyó diseños de laberintos.

Los ingleses introdujeron los templos en sus jardines con gran profusión, reflejando su clara dimensión masónica. Así es; en la masonería, el templo de Salomón es fundamental. Su reconstrucción tendría que ver con el trabajo interior y común de todo masón.

Pero en el jardín, el templo que se generalizaría es el circular, como el *tholos* griego, para luego popularizarlo mucho los romanos en los templos de Vesta, por ejemplo.

El templo circular triunfó en la tratadística renacentista, siendo Palladio el gran defensor de su empleo en sus *Quattro Libri*, aludiendo al templo redondo de Bramante de San Pietro in Montorio en Roma. Palladio lo reprodujo en su villa ideal, La Rotonda, de planta centralizada. Y de ahí pasó a los arquitectos paisajistas ingleses. Eligieron el templo circular como la mejor representación de la arquitectura clásica palladiana. En este sentido, debemos recordar la profunda huella de Palladio en la arquitectura anglosajona de los siglos XVIII y XIX. Como muchos de los arquitectos y mecenas británicos eran masones, atribuyeron las propiedades masónicas a esta forma, aunque sus templos fuesen rectangulares, de occidente a oriente entre septentrión y mediodía. En todo caso, el círculo es la fórmula geométrica que en sí es la totalidad, y en la masonería se enlaza con la creación y el universo.

De entre los variados y ricos jardines ingleses con vinculaciones masónicas, debemos comenzar con los de la villa Chiswick, de lord Burlington. En primer lugar, la propia villa es una reinterpretación de la villa Capra o La Rotonda de Palladio. Ya en los jardines, dos esfinges en los portones nos plantean referencias masónicas porque simbolizan el secreto de sus trabajos. En algún rito encontramos la alusión de que el guardatemplo es la «sublime esfinge». La esfinge ocultaría a los no iniciados, por tanto, el trabajo masónico. Delante de un panteón en miniatura, en medio de un estanque se levanta un obelisco, un monumento de piedra en forma de prisma rectangular que se remata con una pequeña pirámide. Se vincula claramente con la civilización egipcia, aunque luego se extendió a la grecorromana y más tarde se llevaron obeliscos para ornamentar importantes espacios públicos en Occidente, además de levantar nuevos, como en Washington. Tendrían que ver con mitos de ascensión solar y la luz. Así, en la masonería figuran como símbolos de la iniciación y también como imagen del sol.

Los jardines de Stourhead en Wiltshire destacaron dentro del modelo paisajístico británico. Se da la circunstancia de que su dueño fue realmente su creador y no un arquitecto o un paisajista. Estamos hablando del banquero Henry Hoare. Diseñó un circuito a través del jardín como si fuera un viaje. Desde la casa parte un camino que rodea el lago, siempre hay un lago, y que va pasando por diferentes templos, una gruta, una ermita, un puente, una casa rústica y una cruz medieval.

A diferencia del anterior, el jardín de Stowe carece de unidad y, aparentemente, no persigue el mismo objetivo de crear un trazado iniciático. Podríamos incluso dudar de que los elementos decorativos hagan referencia a la masonería, aunque podemos interpretar muchos de ellos desde esta perspectiva simbólica. En él trabajaron varios arquitectos, Charles Bridgeman, William Kent y otros paisajistas con ideas y estilos distintos. El primero diseñó un jardín irregular, aunque planteó un eje que partía del palacio hasta el lago ortogonal. Se levantaron los templos de Baco y Venus. Un eje transversal finalizaba en un templo monóptero.

Pero el gran diseñador de este jardín fue William Kent, uno de los grandes creadores del jardín inglés y hombre de vasta cultura. Fue quien se inspiró en los cuadros de Poussin y Lorena, como apuntábamos más arriba y el creador, entre 1733 y 1735, de los campos elíseos de este lugar, de Stowe, con un arroyo llamado significativamente Estigia, rodeado de suaves colinas con puentes y templos. Al parecer, Kent se inspiró en uno de los textos de Joseph Addison en los que se habla de un sonámbulo que pasa hacia el templo de la Virtud con estatuas de próceres mientras otra senda lo conduce al templo de la Vanidad. En realidad, ¿no podríamos hacer una lectura masónica de esta disyuntiva?

Kent transformó el primer templo del texto de Addison en un templo de la Antigua Virtud donde se encontraban sabios como Homero y Sócrates. También construyó el templo de las Glorias Británicas de planta semicircular con inspiraciones clásicas y renacentistas, y donde se pusieron estatuas de personajes importantes del presente y del pasado. Levantó un templo a la Amistad dedicado a la gloria de Britannia.

Luego vinieron más etapas, transformaciones y aportes. Podríamos destacar la construcción del valle griego con un templo cuyo estilo corresponde a la época clásica de aquel periodo histórico. Dentro se encuentra una estatua de la Libertad, obra que realizó el propio Richard Grenville con ayuda de Kent. El jardín se monumentalizaría más en la última fase, en la que intervino Lancelot Brown, con el templo de la Concordia y la Victoria.

En Stowe también había un obelisco y una pirámide. Un total de cuarenta monumentos jalonan estos jardines, seguramente los que más construcciones tuvieron de todo el paisajismo inglés.

EL JARDÍN MASÓNICO ITALIANO

Desde el final del siglo XVIII contamos con un conjunto muy destacado de jardines masónicos italianos. En el siglo siguiente, Italia vivió una efervescencia política en relación con la unificación, y la masonería, como también de organizaciones paramasónicas, como la carbonería, tuvieron un gran protagonismo, al menos en las primeras etapas del proceso.

Existe una amplia nómina de jardines masónicos. En Padua contamos con los jardines de la villa Valmarana. En la Liguria, en Pugli, tendríamos el jardín de villa Durazzo Pallavicini. En la Toscana hay que destacar el Gardino Torrigiani en Florencia. Al sur, gracias a la protección de la reina María Cristina, en el reino de Nápoles, contamos con un itinerario iniciático en el jardín de la Reggia di Caserta, mientras que en el mismo reino, pero en Sicilia, la Casina Cinese del Parco della Favorita contiene símbolos masónicos.

Los jardines históricos de villa Cittadella Vigodarzere Valmarana (Padua) fueron los primeros de estilo inglés que se introdujeron en el Véneto y contribuyeron a la popularización de este tipo de paisajismo en Italia. Tienen distintas referencias iniciáticas. El autor fue el arquitecto e ingeniero veneciano Giuseppe Jappelli (1783-1852), de formación neoclásica, quien con su cliente Antonio Vigodarzere, miembro de la burguesía ilustrada veneciana, compartía ideas ilustradas y masónicas. El proyecto arrancó en la localidad de Saonara (entre Padua y Venecia) cuando Vigodarzere le encargó que transformara parte de una propiedad de diecisiete hectáreas en un jardín paisajístico. Así pues, ideó un paisaje como si fuera un mundo medieval fantástico.

El jardín se divide en dos áreas diferenciadas y contrastadas. Desde la entrada sur se accede a un espacio de césped de forma elíptica frente a la villa donde lo que destaca es la luminosidad. Desde ahí se camina hacia el norte por un paseo que se va haciendo cada vez más oscuro y que conduce a un lago atravesando escarpadas colinas de vegetación densa y arroyos a través de pequeños puentes. Jappelli mostraba muchos conocimientos botánicos y, con la tierra excavada para el estanque, creó montículos circundantes donde plantó hasta treinta y cinco mil árboles, aunque quedan pocos ejemplares en la actualidad. Los caminos se van haciendo cada vez más sinuosos y la vegetación es cada vez más oscura, con tejos y cipreses. Se trataría de cipreses de los pantanos o *Taxodium distichum*, que en otoño adquieren un característico color rojo. Sus raíces aéreas en forma de codo para la oxigenación de la planta sobresalen por las orillas. El paseante se va preparando para acceder a la pieza central de inspiración masónica: la cueva-capilla de los caballeros templarios. El arquitecto concibió este espacio para ritos de iniciación con tres salas que, en su momento, tuvieron armas, estatuas y losas de tumbas Después había un cementerio misterioso y una sala de juramentos, para llegar a una zona de bautismo y fuego, que se realizaba en una cueva, donde se levantaría una escultura de Baphomet (ídolo pagano, representado por una imagen antropomórfica), que la leyenda cuenta era el patrón o ídolo de los templarios, una historia para la persecución que sufrieron en su día. Algunas teorías consideran una conexión entre los templarios y los masones, aunque hoy en día es muy discutida.

La villa Durazzo Pallavicini con su jardín masónico se encuentra en Pegli, muy cerca de Génova. Michele Canzi fue el arquitecto que diseñó el jardín en 1840 como un espacio de iniciación masónica, el paso de la oscuridad al conocimiento. Desde el jardín de palmeras, que reproduciría una pintura del Teatro Carlo Felice de Génova, un camino se dirige hacia un lago con una cascada y atraviesa una avenida donde hay una colección de camelias, la más antigua de Italia, antes de llegar a un castillo neogótico en ruinas y un templete que representarían la angustia de la ajetreada vida mundana. Se sigue ascendiendo hasta el Castello del Capitán, de un estilo que mezcla lo gótico con lo morisco y que posee una torre almenada desde donde se puede contemplar el golfo de Portofino y la Riviera Italiana. El descenso por el lado este de la colina donde se levanta el Castello conduce a unas grutas oscuras con estalactitas y estalagmitas artificiales, para desembocar en un claro cubierto de hierba y dominado por un obelisco, que simboliza el paso de la oscuridad de la ignorancia o superstición a la luz del conocimiento. Y así llegamos al lago principal, con su templo circular central, de inspiración clásica y dedicado a Diana, una pagoda y un puente de estilo chino y el pabellón de la flora. Estaríamos ante un paisaje con equilibrio, una recompensa para quienes se han atrevido a dejar la oscuridad de la ignorancia y han optado por el conocimiento, por la luz, en clave masónica.

El Giardino Torrigiani de Florencia fue dispuesto en 1813 por el marqués Pietro Torrigiani y diseñado por Luigi Cambray Digny (1778-1843), arquitecto, paisajista y profesor. Ambos eran masones. A la entrada, en la Via dei Serragli, se levantan dos esfinges, marcando el comienzo de la vía iniciática. Las esfinges serían el enigma, lo secreto. En la entrada se alza una estatua de Osiris sosteniendo en sus manos las tablas con las reglas para los que accedían al jardín. A la derecha, una columna conmemoraba la obra del botánico florentino Pietro Micheli (1679-1737). Micheli fue profesor en Pisa y curador del Jardín de los Simples de Florencia, fundamental jardín botánico con arboreto e invernaderos. Fue una autoridad en criptógamas y descubridor de las esporas de las setas. Su obra principal fue *Nova plantarum genera* (1729), esencial para el conocimiento de los hongos.

El itinerario serpentea entre esculturas alegóricas, arquitecturas y plantas que en muchos casos ya no existen. Al final de una gran avenida de plátanos se alzaría la villa neoclásica, con dos jardines formales a cada lado con jarrones de mármol y flores. Senderos bordeados de setos de laurel conducen a un bosque de bambú y al templo de la Arcadia. También habría un hipogeo, la gruta de Merlín, y el espacio caballeriza.

Después actuaría en sustitución de Cambray el ingeniero Gaetano Baccani. Fue el creador del *torrino* neogótico, las falsas almenas del bastión de los Medici, el gimnasio, el aviario y otras construcciones. En 1819, Antonio Pucci publicó el inventario del jardín, que contenía trece mil plantas en el suelo y cinco mil quinientas en macetas. En 1824 se publicó una guía para los visitantes.

El Palacio Real de Caserta y su parque forman parte de uno de los principales conjuntos monumentales del mundo. Se sitúa a cuarenta kilómetros al norte de Nápoles y fue impulsado por el rey Carlos VII (Carlos III de España), que deseaba contar con una segunda capital, la de Caserta, y con un palacio que emulara el de Versalles. Para ello llamó al arquitecto napolitano Luigi Vanvitelli (1700-1773), que además era ingeniero y pintor. Las obras comenzaron en 1752.

Los jardines se diseñaron como una especie de línea de fuga o extensión del propio palacio. Para ello, Vanvitelli creó paisajes largos y rectos en perspectiva del edificio. El agua fue fundamental en este jardín con estanques reflectantes. En realidad, había dos tipos de jardines, el italiano, para rodear el palacio, y el otro mencionado, de origen francés, con las fuentes.

La reina María Carolina de Austria (1752-1814), esposa de Fernando IV, es decir, el heredero de Carlos VII (Carlos III), del reino de Nápoles, tuvo, al parecer, un gran interés por la masonería y mandó abrir un jardín de estilo inglés, y para ello llamó al jardinero y botánico inglés John Andrew Graefer (1746-1802), aunque las construcciones serían de Vanvitelli. En cierta medida, también quiso emular a su hermana María Antonieta con sus obras en Versalles. La idea era crear un jardín informal no vinculado a los formales de Vanvitelli, como si fuera un fragmento del paisaje natural embellecido con arquitectura y obras hidráulicas. Así, se dispusieron estanques con estatuas, como la del Baño de Venus, que emerge de la vegetación como si fuera un oasis encantado. También se levantaron ruinas de pequeños templos, como el misterioso criptopórtico, que parece que se abre a las logias. En realidad, estaríamos ante un sendero iniciático, como lo demostraría el criptopórtico, en un ambiente de ninfeo con baño de Venus, como aludíamos en otro capítulo. Además, se levantó una pirámide y se abrió un laberinto, una tumba neogótica y un pequeño templo, donde se emplearon materiales encontrados en Pompeya.

EL JARDÍN MASÓNICO ESPAÑOL

En la capital de España encontramos El Capricho, un parque situado al noreste de Madrid.

Este jardín constituye un espacio histórico y artístico de primera magnitud. Pascual Madoz llegó a decir en su Diccionario que era una de las posesiones más hermosas y magníficas que había en España y la única que podría competir con los Reales Sitios. Fue obra de María Josefa Pimentel, duquesa de Osuna (1752-1834), casada con el IX duque de Osuna. Compró un terreno al conde Priego con una huerta y una casa en el año 1783. Al año siguiente, Pedro Boutelou le presentó un proyecto para la vivienda y un jardín de inspiración inglesa. Luego hubo otra fase, entre 1790 y 1808.

En primer lugar, estaría la exedra en la plaza de los Emperadores, con detalles simbólicos masónicos, como la forma de templete con semicúpula, aunque hoy haya desaparecido, los siete escalones divididos en dos tramos y la presencia de las esfinges, de las que ya sabemos de su dimensión masónica.

Más adelante está el templete de Baco sobre un montículo desde donde podemos ver el palacio. Se trata de una edificación muy significativa porque, en realidad, no es de planta redonda, sino elíptica, situado hacia el oriente, las columnas se agrupan de tres en tres y se mezcla el dórico con el jónico, todo de un innegable sabor masónico.

El abejero del jardín también tiene una lectura masónica, ya que la abeja es fundamental en la simbología de la orden, representación del comportamiento ordenado y atento a su reina y a sus compañeras en la colmena, como el masón está al orden en logia y permanece atento a su venerable y a sus hermanos. Pero también es símbolo de virtud, pilar de todo hermano. Además, simboliza la obediencia, la actividad y la constancia, tres virtudes del masón, que respeta la autoridad legítima y que no aspira nunca al descanso. Como la abeja no descansa, el hermano masón, por su parte, siempre está trabajando por su perfeccionamiento personal y, sobre todo, por el progreso de la humanidad. La abeja produce miel, considerada como el alimento espiritual de santos y sabios. Se vincula con el conocimiento místico y religioso, el bien espiritual y el renacimiento que sigue al momento de la iniciación. En este sentido, los iniciados en los misterios de Eleusis recibían miel en sus grados superiores porque era el signo de su nueva vida. El Pseudo Dioniso Areopagita, teólogo y místico bizantino entre los siglos V y VI, decía que las enseñanzas de Dios eran comparables a la miel por su propiedad de purificar y conservar, consustancial a este alimento. En consecuencia, se vincula a la iniciación masónica, a la transformación que se produce en ese momento. Es fruto de la transmutación del polvo del polen y los néctares, algo parecido a lo que le ocurre al iniciado, en el que se integran los distintos componentes de su persona para convertirse en un hermano.

En el jardín abundan las columnas aisladas que, como bien sabemos, son claves y constantes en la masonería. Son el elemento sustentante en arquitectura más conocido, por lo que en la masonería adquieren un protagonismo evidente. Son el eje de la construcción y de la solidez. En la tradición judeocristiana unían lo bajo con lo alto, la tierra con el cielo. La columna, por este significado, se asocia al hombre como mediador entre el cielo y la tierra. El pedestal es el alma sensible, el fuste la mente o la inteligencia; el ego o el yo estarían simbolizados por el hueco central de la columna; el capitel sería la intuición; y fuera de la columna, el arquitrabe, un elemento sustentado que sería el espíritu o principio universal de la vida. En la masonería, las columnas se asocian a las del templo de Salomón, donde había varios tipos o clases. Unas eran de cedro, por lo que representaban lo incorruptible y la inmortalidad, y se colocaron en hilera en la Gran Sala Hipóstila. Luego se encuentran las columnas de bronce a cada lado de la entrada del templo. Hiram fue quien las fundió. La columna Jakin se asociaría al árbol de la vida, masculina, activa e ígnea y correspondería al sol. La columna Boaz se relacionaría con la severidad; sería femenina, pasiva y aérea, y se asociaría a la luna. Estas columnas marcarían los límites del mundo profano y la puerta a lo sagrado. Las virtudes que sostienen los trabajos masónicos tienen su propio orden clásico asociado son la sabiduría (jónico), la fortaleza o fuerza (dórico) y la belleza (corintio).

Podemos realizar también una interpretación masónica de la escultura de Saturno devorando a sus hijos, porque se habla del paso del tiempo. Y hasta hay un altar al fondo de uno de los caminos.

La sala de baile del casino tiene unos relieves sumamente sugestivos y hay que leerlos en orden inverso a las agujas del reloj. Representarían la iniciación en la masonería con un aspirante con la cara tapada y una pierna descubierta.

Los edificios fundamentales del jardín están dispuestos formando dos triángulos. El simbolismo del triángulo se relaciona con el número tres. Ya se vinculaba con la divinidad en Egipto, mientras que los pitagóricos lo asociaban con la sabiduría. En el ámbito esotérico, evoca la idea de la trinidad cristiana y el ternario hindú, así como los distintos ternarios egipcios. En la masonería, tiene que ver con la fórmula «Bien pensar, bien decir y bien hacer», que representaría a la gran divisa de «Libertad, igualdad, fraternidad». El triángulo masónico es isósceles, y representa las proporciones del número de oro. Puede aparecer escrita en su base la palabra *Duración*, y sobre los lados, *Tinieblas* y *Luz*, es decir, el ternario cósmico.

¿Y no nos recuerda a un templo la ermita del parque con sus dos columnas estriadas como si fuera la entrada de un templo masónico?

Si Madrid cuenta con El Capricho, en Barcelona nos encontramos con el Laberinto de Horta, que se remonta al año 1791. El dueño, Joan Antoni Desvalls, marqués de Llupià, de Poal i D'Afarràs, encargó la obra a un italiano, Domenico Bagutti. Desvalls fue un destacado ilustrado barcelonés, uno de los fundadores de la Conferencia Fisicomatemática Experimental en 1764, de la que fue secretario perpetuo, así como vicepresidente de la Real Academia de Ciencias Naturales y Artes de Barcelona durante dos períodos, entre 1799 y 1808, y luego, al terminar la Guerra de la Independencia, entre 1814 y 1820. Pero, además, fue dueño de una gran biblioteca y escribió distintos tratados científicos. Aunque fue elegido para representar a Barcelona en las Cortes de Cádiz, no pudo asistir por problemas de salud.

Ya la división del parque nos parece masónica porque hay un bosque, símbolo del inconsciente y de los miedos, del caos, y luego estaría el jardín propiamente dicho, símbolo del orden y la organización. En el centro se encontraría el famoso laberinto, único en España, los dos templetes, el estanque con la estatua de los delfines y la cueva de Narciso.

Estamos, por tanto, caminando del caos al orden. No podemos dejar de aludir a la divisa hermética empleada por la masonería, «Ordo ab chao», es decir, «el orden a partir del caos», y es que el iniciado debe regresar al caos, sumergirse en él, para luego renacer purificado.

El parque del Pasatiempo en la localidad coruñesa de Betanzos puede ser considerado un jardín iniciático debido a dos hermanos indianos, Juan y Jesús García Naveira. Ambos masones emigraron a Argentina, donde hicieron fortuna antes de regresar a su Betanzos natal. En 1893 comenzaron a diseñar un jardín cuyas obras no terminaron hasta el año 1914. Posteriormente, se hicieron algunas mejoras.

El jardín tiene un carácter iniciático, la gran cuestión de la masonería. En primer lugar, el parque se organizó en tres niveles, una clara alusión a sus grados simbólicos: aprendiz, compañero y maestro.

En la parte baja se abrieron unas cuevas artificiales. Las cuevas, grutas o cavernas se asocian al escondite de la verdad y pueden también ser símbolos del corazón y del cosmos. No olvidemos, por su parte, la alegoría de la caverna de Platón. En la masonería sería el mundo, donde la luz provendría de un sol invisible, y en la iniciación sería el templo donde se introduce el neófito para que conozca el mundo. La caverna aludiría también al lugar donde se escondieron los asesinos de Hiram, y por eso aparece en algunas ceremonias de los altos grados.

Dentro de las cuevas se podrían seguir caminos distintos, pero solo dos conducirían al siguiente nivel, donde la luz se iría abriendo paso, algo completamente masónico porque un candidato parte de la oscuridad para alcanzar la luz, precisamente en la iniciación, donde resucita después de haber muerto.

En el segundo nivel del jardín aparecen unas escaleras con estatuas de simbología masónica. Llevarían al paseante al tercer nivel, desde donde se puede contemplar todo el jardín, como el maestro puede conocer la totalidad de la belleza.

Pero hay más referencias masónicas y muy explícitas, porque existe una inscripción con la divisa «¡Libertad, igualdad, fraternidad!». También habría escuadras y compases.

Por último, debemos tener en cuenta que dicho jardín, con todas sus referencias al saber enciclopédico y a la mitología, puede ser considerado como un ejercicio de construcción de uno mismo, en este caso de sus autores, porque los masones siempre están edificando su templo interior, necesario para edificar el templo exterior en relación con el mundo, con la creación de un mundo mejor.

Nos detenemos ahora en los jardines del marquesado de la Quinta Roja en La Orotava. El jardín se ideó a finales del siglo XIX por doña Sebastiana del Castillo en previsión de que su hijo, el marqués Diego Ponte del Castillo, no pudiera ser enterrado en el camposanto local por su condición de masón, es decir, sería una especie de acto de amor de una madre a un hijo. En realidad, tuvo que ser enterrado en la cerca del cementerio. La aristócrata batalló mucho con la Iglesia, pero, al final, el hijo pudo ser depositado en el panteón familiar. No obstante, nos ha quedado para deleite de iniciados y profanos una joya masónica.

Encargó el trabajo al arquitecto francés Adolph Coquet, que llegó a la isla en 1882. Fue terminado en 1883, hecho con mármol de Lyon. Coquet fue un destacado masón y realizó varias obras para La Orotava, además de publicar *Una excursión a las Islas Canarias* (1884). El mausoleo se erigió, en consecuencia, como un monumento contra la intolerancia religiosa.

El jardín se plantea en un desnivel del terreno, con siete —atención al número masónico— terrazas con muchísimos símbolos. Con esta subida parece como si se pretendiese elevarse hacia el cielo, arriba, donde se levanta el mausoleo.

EL JARDÍN MASÓNICO PORTUGUÉS

Sin duda, uno de los lugares más conocidos en Portugal es Sintra y el palacio de Regaleira. António Augusto Carvalho Monteiro, con el arquitecto italiano Luigi Manini, construyó una quinta de cuatro hectáreas con un palacio, jardines, grutas y edificios enigmáticos, mezclando estilos y todo vinculado con la alquimia, la masonería, los templarios y los rosacruces.

El bosque domina la quinta. Comienza siendo más ordenado y cuidado en la parte baja para ir haciéndose más salvaje y poblado de árboles a medida que se asciende. Después se llega al denominado Patamar dos deuses (Rellano de los dioses). Se trata de un espacio presidido por la estatua de Hermes, su mensajero, y la revelación de la sabiduría, anunciando a otros dioses. Es portador del caduceo, una vara de laurel u olivo que en su parte superior tiene dos alas y alrededor de ella se enrollan en sentido inverso dos serpientes. Era su atributo porque se lo entregó Apolo a cambio de cederle el honor de la invención de la lira. Hermes lo empleaba para conducir a los manes a los infiernos; por eso era el caducífero. Los heraldos o mensajeros de la paz llevaban el caduceo con dos serpientes, que aquí simbolizarían la prudencia, y con dos alas, la rapidez.

También se ha querido ver en el caduceo un símbolo que representaría los distintos elementos, es decir, la tierra, el agua y el fuego, o las serpientes y el aire, las alas. La vinculación del caduceo con la medicina procede de Mesopotamia. Pero también se convirtió en símbolo del comercio, otra conexión con Hermes/ Mercurio, por su efecto civilizador, y se vinculó a la ciencia y el progreso, cuestiones que interesaron a la masonería, pero en ella se le dio más importancia a su relación con el equilibrio por su interés en integrar las tendencias contrarias.

En el centro de este espacio del jardín se encuentran, además, dos quimeras, símbolos de ilusión y utopía.

En los misteriosos jardines de la Quinta de Regaleira en Sintra (Portugal) existe el conocido como «pozo iniciático» o torre al revés, en espiral, con nueve pisos conectados por tramos de quince escalones y veintisiete metros de profundidad. Se ha contado que estos pisos representan los nueve círculos del infierno de La divina comedia de Dante.

En el fondo del pozo se halla una cruz templaria. Se cuenta que los masones tienen que subir por cada nivel como una especie de iniciación, que representaría el renacer, hasta la puerta custodiada por dos dragones. Se pasaría de la muerte, al fondo, hasta la vida o reencarnación, en la salida. Como vemos, regresamos una vez más a la cuestión de la iniciación, del jardín iniciático.

EL LABERINTO EN LOS JARDINES

Aunque ya hemos hablado de algún laberinto en concreto, nos gustaría ampliarlo porque han tenido múltiples significados simbólicos, iniciáticos y religiosos.

En algunas culturas antiguas denominaban laberintos a las galerías subterráneas, habitualmente tumbas, con multitud de ramificaciones que dificultaban de forma evidente llegar a una salida.

El laberinto de Egipto o de Hawara era el nombre que se le daba a una compleja estructura que se alzaba antiguamente cerca del pie de la pirámide de Amenemhat III en Hawara. Fue construido por Amenemhat III, quien gobernó alrededor del 1800 a. C. como sexto faraón de la XII dinastía. Podría haber sido un conjunto de templos funerarios, como los que se encuentran comúnmente cerca de las pirámides egipcias. El jesuita Athanasius Kircher, en el siglo XVII, realizó una reconstrucción basándose en la descripción dejada por Heródoto y otros escritores antiguos.

El laberinto de Cnosos constituye la referencia más importante. La leyenda cuenta que el rey Minos albergaba en él al Minotauro, con cabeza de toro y cuerpo de hombre, que sería abatido por Teseo con la ayuda de Ariadna. Fue construido por Dédalo. La leyenda de Cnosos pasó a Roma gracias a los textos de Plutarco. El laberinto se manifestó en los mosaicos de las *domus* romanas, como el más famoso de Cremona. Al parecer, también comenzaron a usarse en jardines.

Podemos quedarnos, porque nos parece muy sugerente, con lo que Álex Rovira nos propone en el libro *El laberinto de la felicidad* (2007), cuando expresa que el ser humano transita por la vida, es decir, por el laberinto, hasta llegar al interior de uno mismo y, por consiguiente, al conocimiento. Después debe compartir lo aprendido.

El laberinto pasó a la época bizantina y al Medievo en las representaciones sacras y como pavimento con simbolismo cristiano, como en San Vitale de Rávena y en la catedral de Chartres.

Con el Renacimiento se asociaron definitivamente los laberintos y los jardines. El laberinto dejó su connotación religiosa para convertirse en un medio de diversión en los jardines palaciegos. Las primeras referencias aparecieron en el Palacio del Té en el siglo XV, residencia del cardenal Trevisan. También estarían presentes en los jardines del palacio de San Paul en París. Por su parte, Carlos V mandó levantar uno en los jardines del Real Alcázar de Sevilla, aunque el que hoy podemos disfrutar es de principios del siglo XX. En el original se colocó un estanque con una réplica del monte Parnaso.

En el siglo XVII proliferaron los jardines con laberintos. El jesuita Giovanni Battista Ferrari publicó en 1633 un tratado de horticultura en el que explicaba que había dos tipos de laberintos en los jardines, uno bajo con flores, que buscaba encerrar la mirada, y otro alto y espeso que pretendía encerrar completamente del exterior al paseante. Seguramente, el primero tendría una dimensión estética y el segundo se asociaría más a la búsqueda de uno mismo.

En Versalles se abrió también un laberinto. André Le Nôtre, el gran jardinero francés, concibió uno del modelo alto y espeso para que el visitante no pudiera tener una visión global o de conjunto. Se ideó para que el visitante, mientras realizaba el recorrido de unos setecientos cincuenta metros y que podía durar una hora aproximadamente, pudiera ver cuando menos dos fuentes a la vez. Se dispusieron treinta y nueve fuentes con esculturas zoomorfas de plomo policromado, que ilustrarían las historias o fábulas de Esopo. En la entrada se colocaron dos esculturas representando a Cupido y Esopo. Charles Perrault, en *Le Labyrinthe de Versailles* (1679), advertía que eran dos figuras que nos guiarían en el recorrido con el fin de poder amar y poder ser sabios. En 1680 se sometió a una restauración, pero en el año 1775 fue reemplazado cuando se replantó el jardín en tiempos de Luis XVI.

En la masonería, el laberinto sería el símbolo de la búsqueda del conocimiento, lo que ya nos hace suponer su importancia. Ejemplifica la lucha por alcanzar el centro iniciático a través de los viajes interiores por vías complicadas, que son las que cada uno tenemos. Eso ya se puede interpretar en el laberinto de Creta, construido por Dédalo, donde Teseo buscó al Minotauro para matarlo. Así, Teseo representaría ese viajero que, a través del instinto divino, es guiado por el laberinto de la vida venciendo al lado animal de su propia naturaleza. Por todo ello, el laberinto se vincula en la masonería a lo iniciático, el camino que debe emprender quien se inicia en ella hacia el interior de uno mismo, hacia lo más misterioso e íntimo de nosotros. Ese centro es la logia invisible donde triunfa lo espiritual sobre lo material, la inteligencia sobre el instinto. En el propio templo masónico, el ajedrezado central del pavimento representaría el laberinto.

El último laberinto ya es de nuestro tiempo (2015), el Labirinto della Masone en Parma, obra de Franco María Ricci, un sabio del arte y editor que dio forma al jardín-laberinto más grande del mundo, pues abarca ocho hectáreas, hecho con bambú y en forma de estrella.

Se siguen construyendo laberintos, muchas veces como simple diversión, pero no dejan de ser lugares que encierran cierta magia y encanto.

EL JARDÍN EN LA MASONERÍA DE ADOPCIÓN

Las mujeres formaron parte de la masonería con desigual participación. En algunos casos, crearon sus propias logias; en otras, las logias eran mixtas y ellas estaban tuteladas por sus hermanos varones. En cualquiera de los dos casos, el jardín tuvo un evidente protagonismo.

Al parecer, los templos de las logias de adopción se denominaban jardín, paraíso o edén. Aunque, por otro lado, quizás se referían con este nombre únicamente al local que se encontraba a la derecha de la entrada del templo en dichas logias.

En el centro de esta sala estaría el árbol de la ciencia del bien y del mal que, por supuesto, rebosaba de manzanas. Colocaban una serpiente enroscada en el tronco que, a su vez, llevaba la misma fruta en la boca. Además, todo el espacio se cubría de flores y otros tipos de frutas. Es decir, una representación simbólica del jardín del edén.

Es una hipótesis, pero no deja de llamar la atención que este espacio solo aparezca en una masonería femenina y, por tanto, aunque masonas, a las mujeres se las siguiera asociando con el pecado original y la maldición de Eva.

Conclusión
◆

Con este pequeño libro hemos pretendido acercar a los lectores curiosos algo que, seguramente, muchos desconocían o no habían reparado en ello. Como decíamos al principio, ojalá les haya servido para que su imaginación vuele entre los árboles de los bosques, parques y jardines por los que pasean, y no se pierdan en los laberintos de estos, como tampoco en los de sus vidas.

Esperamos también que les sirva para interpretar esos edificios que se esconden y nos sorprenden en mitad de un jardín inglés o italiano y hasta español, esa columna que se yergue en medio de un prado, la escultura de un animal mitológico, ese sendero que se bifurca en un laberinto y el templete circular que corona una colina. Disfruten del paseo y del descubrimiento.

En todo caso, bosques, jardines, naturaleza, diseño, símbolos y misterios forman parte de nosotros, de esa parte, casi sepultada por el utilitarismo de nuestro tiempo, que se refugia en nuestra alma y pensamiento y que pueden ser de gran ayuda para conocernos a nosotros mismos y a los demás. Y, sin entrar en más profundidades, se puede disfrutar con el conocimiento y la cultura, uno de los placeres más intensos de la vida y que no pasa nunca factura.

Creemos que un libro no puede agotarlo todo, debe ser como un estimulante del apetito cultural con el fin de profundizar con más lecturas. Pero, además, si usted no puede visitar bosques o jardines masónicos, en su butaca, en el rincón más cómodo de su hogar, puede viajar a esos lugares con imaginación a través de las páginas de este libro y de los que, a buen seguro, encontrarán más adelante si este les ha llamado la atención.

Finalmente, no deja de ser apasionante que esta obra sea editada por una editorial que se denomina Deméter[38], una diosa muy vinculada a la naturaleza, a la agricultura, también portadora de las estaciones y con su hija Perséfone, clave en los misterios eleusinos, esos ritos de iniciación en el culto de ambas diosas en el otoño. Naturaleza y misterio, ¿qué más podemos pedir?

---

[38]Aunque la editora defiende que el nombre se refiere a la goleta que condujo a Drácula hasta Inglaterra.

Fuentes y bibliografía
❖

En realidad, este ensayo no se basa en fuentes directas escritas porque no existen o no se han encontrado. El mundo de los símbolos, pero, sobre todo, de las sociedades secretas no es muy dado a dejar documentos para que sean empleados por los historiadores, algo que puede generar dos problemas. En primer lugar, se dificulta mucho el trabajo si no hay fuentes directas, pero, además, puede alimentar todo tipo de teorías por parte de algunos historiadores o publicistas con mucha imaginación en el campo abonado del misterio. Por eso, hay que ser cauto sin desechar nunca la imaginación, que también es un factor para escribir sobre historia, aunque en principio no lo parezca.

Así pues, este librito debe mucho a las fuentes escritas, especialmente, al *Diccionario enciclopédico de la masonería*, publicado en 1883 en La Habana, obra de Lorenzo Frau Abrines y Rosendo Arús i Arderiu, así como a la revista *Latomia* en su número 2 del año 1933, porque nos proporcionan, especialmente la primera, una enorme cantidad de información basada también en textos más clásicos. Casi todo lo que aportamos sobre las organizaciones paramasónicas se lo debemos a esta obra enciclopédica imprescindible, pero también es cierto que las interpretaciones que se hacen en el libro son de nuestra autoría, aventurándonos en distintos momentos a hipótesis que creemos plausibles, combinando la prudencia, pero también la aludida imaginación.

Otra fuente escrita que hemos empleado ha sido el volumen de François-Timoléon Bègue, *Historia pintoresca de la francmasonería y de las sociedades secretas antiguas y modernas*, escrita en francés y traducida e ilustrada con interesantes notas y apéndices por un filósofo moderno en Madrid en 1847. Nos ha aportado más información sobre los leñadores.

BIBLIOGRAFÍA COMPLEMENTARIA

ADRIÁO, V. M. (2013). Quinta da Regaleira Sintra. História e Tradição. Lisboa: Dina Press.

ALVARADO PLANAS, J. (2016). Masones en la nobleza de España: Una hermandad de iluminados. Madrid: La Esfera de los libros.

ANES, J. M. (2005). Os jardins iniciáticos da Quinta da Regaleira. Lisboa: Ésquilo.

ANES, J. M. (2015). Guia simbólico da Quinta da Regaleira: à descoberta dos seus mistérios. Lisboa: Eranos.

ARCAY BARRAL, Á. (2018). O parque do Pasatempos de Betanzos, Narrativas para comprender un patrimonio profano. Madrid: Editorial Masónica.es.

ARCAY BARRAL, Á., DUO SUÁREZ, Y. y SOUTO SANTÉ, J. (2020). El parque del Pasatiempos en Betanzos. A Coruña: Concello de Betanzos.

AYLLÓN, M. (2022 [primera edición, 1993]). La Puerta Sur. El acercamiento profano al arte sagrado. Madrid: Manuel Ayllón ediciones.

BOYER, R., y DOE, Howard ed. (2029). La Orden de los Francjardineros. Rituales. Oviedo. Masónica.

CABANO VÁZQUEZ, I. PATO IGLESIAS, M. L. y SOUSA JIMÉNEZ, X. (1992). El Pasatiempo. O capricho dun indiano. A Coruña: Ediciones do Castro.

CRESPÍ RODRÍGUEZ, J. (2006). «Revalorización del parque histórico de El Pasatiempo: Investigación, gestión e intervención», Anuario Brigantino, n.º 29, 2006, pp. 439-490.

GARCÍA ARRANZ, J. J. (2017). Simbolismo masónico, historia y fuentes. Vitoria-Gasteiz: Editorial Sans Soleil.

GONZÁLEZ LEMUS, N. y RODRÍGUEZ MAZA, J. M. (2004). Masonería e intolerancia religiosa en Canarias, el caso del Marquesado de la Quinta Roja. Sevilla: Ediciones Benchomo, 2004.

GRANZIERA, P (2003). «Freemasonic Symbolism and Georgian Gardens», Esoterica. The Journal of Esoteric Studies, Vol. V.

GUTIÉRREZ MEDINA, M. L. (2008). «Los jardines del Laberinto de Horta, algo más que un jardín neoclásico», Pedralbes, 28, pp. 677-690.

HARRIS, E. (1977). «Batty Langley: a tutor to freemasons (1696-1751)», Burlington Magazine, 119, pp. 327-335.

HERNÁNDEZ GONZÁLEZ, M. (2002). Tenerife. Patrimonio histórico y cultural. Tenerife: Editorial Rueda.

LASSO DE LA VEGA WESTENDORP, B. (2015). Plantas y jardines en la Málaga del siglo XIX. El caso singular de la Hacienda La Concepción. Málaga: Universidad de Málaga.

LÓPEZ GARCÍA, D. (2018). Silva Ilustrada. El Capricho de la Alameda de Osuna. Madrid: Guillermo Escolar Editor.

LOIR, Ch. y LEMARIE, J. Ch. (2007). Franc-maçonnerie et Beaux-arts. Bruselas: Editions du Centre d'Action Laique, Espace de Libertés.

LUQUE HERNÁNDEZ, A. (1997). La Orotava. Corazón de Tenerife. Tenerife: Excmo. Ayuntamiento de la Villa de La Orotava.

MAINGUY, I. (2006). La symbolique maçonnique du troisième millénaire. París: Dervy.

MARTÍN LÓPEZ, D. (2007). «El patrimonio masónico tangible e intangible en Canarias: una estética por revalorizar», Nexo: Revista Intercultural de Arte y Humanidades, núm. 4, pp. 26-28.

MARTÍN LÓPEZ, D. (2010). Estética masónica, arquitectura y urbanismo. Siglos XVIII-XX. Granada: Universidad de Granada.

MARTÍN LÓPEZ, D. (2014). «La estética masónica en Lisboa: nuevas perspectivas para historiar la ciudad», Revista de História da Arte, n.º 11, pp. 267-281.

MARTÍN LÓPEZ, D. (2023), «El jardín masónico en España. Siglos XVII-XXI», Revista electrónica de Patrimonio Histórico (Universidad de Granada), n.º 33.

MONEO, R. El Carmen Rodríguez-Acosta. Granada: Fundación RodríguezAcosta.

MURADO, M-A. (2017). «El Pasatiempo», La Voz de Galicia, 23 de julio de 2017. https://www.lavozdegalicia.es/noticia/coruna/betanzos/2017/07/23pasatiempo/0003_201707E23P64991.htm.

PAZ SÁNCHEZ, M. de (2007). «El Jardín de la Virtud. La masonería como una disidencia cristiana del siglo XIX», Anuario de Estudios Atlánticos, núm. 53, 2007, pp. 299-336.

PAZ SÁNCHEZ, M. de y CARMONA CALERO, E. (1996). La masonería. Tenerife: Centro de la Cultura Popular Canaria (CCP).

STONE, Olivia M. (1995, edición original de 1889). Tenerife y sus seis satélites, vol. 1. Valencia: Cabildo de Gran Canaria.

SERVIER, J. (2006). Diccionario crítico de esoterismo I. Madrid: Akal.

STEVENS CURL, J. (1993). The art and architecture of Freemasonry: an introductory study. New York: Overlook Press.

WOLF, R. y LUXEMBERG, A. (coords.) (2020). Freemasonry and the Visual Arts. From the Eighteenth Century Forward. Nueva York: Bloomsbury. DOI: https://doi.org/10.5040/9781501337994